幸福行为经济学教程

XINGFU XINGWEI JINGJIXUE JIAOCHENG

熊 毅 编著

新知、致用、永乐——献给追求幸福的人

图书在版编目(CIP)数据

幸福行为经济学教程/熊毅编著.—武汉:中国地质大学出版社,2022.1(2022.12重印)

ISBN 978-7-5625-5216-1

Ⅰ.①幸…
Ⅱ.①熊…
Ⅲ.①经济学-教材
Ⅳ.①F0

中国版本图书馆 CIP 数据核字(2021)第 270745 号

幸福行为经济学教程	熊 毅 编著
责任编辑:王凤林	责任校对:徐蕾蕾
出版发行:中国地质大学出版社(武汉市洪山区鲁磨路388号)	邮编:430074
电 话:(027)67883511　　传 真:(027)67883580	E-mail:cbb@cug.edu.cn
经 销:全国新华书店	http://cugp.cug.edu.cn
开本:787毫米×1092毫米　1/16	字数:218千字　　印张:8.5
版次:2022年1月第1版	印次:2022年12月第2次印刷
印刷:武汉睿智印务有限公司	
ISBN 978-7-5625-5216-1	定价:28.00元

如有印装质量问题请与印刷厂联系调换

前　言

本书由我家乡武汉的中国地质大学出版社出版,我感到非常荣幸和高兴,作为一个读书人和教书人,最大的精神享受和职业满足就是通过书本传播一些思考方式与思想观念。

张五常教授说过:"不能应用的理论是废物。"在人生最为宝贵的大学时光,学会一些致用学问很是重要。学习经济学仅学会"像经济学家那样思考"是远远不够的,原因在于:①经济理论并非百分百正确。一代宗师马歇尔就言:"社会规律这个名词只不过是多少可靠、明确的一般命题和倾向性叙述而已。"经济学"通天晓"萨缪尔森也言:"经济理论只是在一般意义上来说是正确的。"那么对于经济学不能解释的内容怎么办?对此行为经济学可提供答案。②经济学追求资源优化配置的目的有待明确。经济学以稀缺性为基调,然而,为何要实现资源优化配置?对此幸福经济学可给出回答。秉持上述两个问答的介绍,我开始了十余年将行为经济学与幸福经济学融合的教学探索。

本书之所以称为《幸福行为经济学教程》,是因为传播幸福是其主调。从教学内容说,幸福经济学与行为经济学二者有着共同的研究主题——增进幸福和共同的学术基因——心理学。积极心理学家 Seligman 就言:"减少人类苦难和祛除人生困境是心理学的光荣目标。"因此,完全可将二者融合起来传授幸福之道。从教学过程说,希望借助有趣的教学内容,营造一种活泼的课堂气氛,通过互动开展一场轻快的思想体操训练,增加学生枯燥学习中的幸福感。从教学目的说,希望学生习得幸福的能力,实现人生幸福。按照 Seligman 创造的习得性乐观(learned optimism)概念,通过学习有关幸福的知识可增进幸福。不仅如此,宾夕法尼亚大学 Alan 教授指出了传授幸福之道的多重作用:"大学教育的实质是心灵生活。为什么要在学校教授幸福?一是因为当前抑郁症泛滥。二是因为过去两代人的幸福感提升有名无实。三是因为教育的传统目标是学习,而更高的幸福感可提升学习能力。"

我深信一个理念:一本好的教材就是一位好的老师。教材作为讲课音频的纸质版,作用极为重要——无声传道、无厌解惑、无怨相伴。好教材完全可替代老师,因为学生可无师自通,自学成才。为此我希望用口语化、易理解的语言,向学生传递新知、致用、永乐三合一的知识。

梭罗曾言:"一切存在的事物都可用通俗的语言轻松而又自然地加以表达。"事实上,口语化的书面表述更易理解、记忆、复述。心理学研究表明,只有你能说出来,才意味着真正掌握。对教材写作和课堂教学来说,深入浅出远比浅入深出困难,因为前者需要教师对教学内容烂熟于心,唯有如此才能用自己的语言表述出来。正如李子奈教授所言:"只有反复多遍讲授才能把握,才能编出适用的教材。"否则只能编教材时照本抄科,授课时照本宣科。然而,遗憾的是,这点我做得并不好,主因是智识能力约束,次因是印张成本约束,使得写作时尽量缩语减字。

致教师

本书为我校开设的"幸福行为经济学"通识课教材,具有以下特点:一是交叉性。课程主要融合了经济学、心理学,也包括一些哲学、社会学等理论、成果和思想。二是互补性。表现在解释非理性的行为经济学与解释理性的经济学构成了互补品,现在行为经济学已开始进入经济学教材的领地。三是致用性。通过介绍实用、适用的知识而非毒药心灵鸡汤,提升学生的幸福感。课程的学习对象为对经济学、心理学和幸福感饶有兴趣的学生。修过微观经济学当然更好,未修过也基本无碍。教学时间为32学时,一学期16周学时,正好每周2学时。每章讲授时间可根据具体情况而定,但建议将第2、3、4、6、7章作为重点,因为这些内容对于幸福感的影响很大,也是行为经济学和幸福经济学研究的主要成果介绍。作为一种尝试,由于时间和能力约束,我将行为经济学与幸福经济学嫁接得并不紧密,还希望教师在课堂教授时能根据教程内容和自己的理解灵活发挥,将二者更好地加以融合。

致学生

编写本书也是将我"初恋——经济学"这个睡美人的兴奋传递给学生,激发学生对经济学和心理学的兴致。希望学生学习时无压力,接触前不畏,接触后不悔。课上听讲趣味盎然,课下看书轻松自然,这是由课程特点决定的。通识课或博雅课的特点就是内容基础、普通和广博,如此不能像专业课那样追求精深。即便如此,学生学习后也会发现教学内容对自己生活、学习以及未来工作的作用是巨大的,你会觉得你不是你了,犹如第一次戴眼镜,突然发现看到的世界更清晰了。教学讲究"三习":预习、讲习、复习。在预习和复习时,希望学生读本书时不要像读小说般一气呵成,中途需要停顿、思考、回顾,如此理解和记忆会更深刻。哲学家Schopenhauer说过:"一定要快乐,一定要更快乐,这就是我们努力追求幸福的最高目标。"这也是课程希望达到的目标,就当下来说,希望学生在快乐中学习,在学习中快乐!这门课更像大学生活中的开怀小品,在轻松愉悦中明白很多事理。总的来说,希望扩充学生的头脑,丰富学生的生活,以拥有一个更好的生活——更睿智、更有价值、更激情洋溢的玫瑰色生活。

致谢

阅读是时间密集型消费,因此衷心感谢每一位耗费稀缺时光浏览本书的读者!由于目前没有相同、相似题材的教材可供参考,因此本书编著定会问题不少,在此欢迎大家指正!

感谢同道:本书重编非创,文人相亲不相轻,国外众多知名不知名学者的研究成果让我获益很大,因此非常感谢这些未谋面的同行!

感谢学生:知识市场一个巴掌拍不响,没有学生就没有老师,更不会有本书,特别感谢学生在全校最大、可容纳400人的教室聆听!感谢学生将本课程评为学校金课!感谢那些多次选课未能如愿的学生,我为此未能满足你的求知意愿致歉!也感谢我的硕士生——聪慧的赵孟、漂亮的江丽霞,本科生会计学院成绩优秀的杜莉,她们在暑热中帮忙校阅了书稿的文字!

感谢学校:巧妇难为无米之炊,在粥少僧多的困境中,拿出宝贵的资金资助本书出版!

感谢家庭:兵马未动粮草先行,感谢贤内助沈雅兰的后勤保障!女行千里父担忧,感谢身居南国的女儿熊梦雅的省心。

2021年8月28日于中国凉城利川市峡谷霏月陋斋

目 录

1 导 论 ………………………………………………………… (1)
   1.1 人生的终极目的 ……………………………………… (1)
   1.2 经济的社会目的 ……………………………………… (2)
   1.3 幸福含义 ……………………………………………… (2)
   1.4 经济学与幸福 ………………………………………… (3)

2 启发偏差 …………………………………………………… (8)
   2.1 认知偏差 ……………………………………………… (8)
   2.2 代表性启发法 ………………………………………… (12)
   2.3 可得性启发法 ………………………………………… (18)
   2.4 锚定与调整启发法 …………………………………… (21)

3 前景理论 …………………………………………………… (26)
   3.1 风险决策过程 ………………………………………… (26)
   3.2 价值函数 ……………………………………………… (27)
   3.3 加权决策 ……………………………………………… (34)
   3.4 框架效应 ……………………………………………… (36)

4 心理账户 …………………………………………………… (40)
   4.1 心理账户 ……………………………………………… (40)
   4.2 心理账户核算 ………………………………………… (43)
   4.3 心理账户决策 ………………………………………… (47)

5 评价选择 …………………………………………………… (54)
   5.1 评价模式 ……………………………………………… (54)
   5.2 评价模式与偏好逆转 ………………………………… (57)
   5.3 选择问题 ……………………………………………… (59)

6 社会比较 …………………………………………………… (61)
   6.1 社会比较作用 ………………………………………… (61)
   6.2 比较对象选择 ………………………………………… (63)
   6.3 社会比较的痛苦 ……………………………………… (65)
   6.4 幸福启示 ……………………………………………… (67)

7 享乐适应 …………………………………………………… (71)
   7.1 享乐适应概述 ………………………………………… (71)
   7.2 享乐适应对幸福感的影响 …………………………… (74)
   7.3 幸福启示 ……………………………………………… (79)

8 公平偏好 (88)
8.1 公平偏好显示 (88)
8.2 政策启示 (92)
8.3 不平等痛苦 (93)

9 跨期选择 (100)
9.1 双曲线贴现 (100)
9.2 DU 模型异象 (101)
9.3 跨期贴现模型替代 (104)
9.4 社会政策启示 (108)

10 过度自信 (110)
10.1 过度自信的表现 (110)
10.2 过度自信的教训 (111)
10.3 过度自信的原因 (114)
10.4 过度自信的防范 (118)

11 幸福指南 (121)
11.1 经济学指向 (121)
11.2 幸福指南 (122)

主要参考文献 (129)

1 导 论

个人和社会的经济活动都是有目的的,二者的目的是什么?人是社会、经济活动的主体,那么人都是理性的吗?这些问题非常重要,具有重大的理论和现实意义。对于这些问题,标准经济学是否存在不明和偏差?这个问题有必要回答。

1.1 人生的终极目的

生活中若问这个问题:"想不想生活幸福?"无论何人回答,答案恐怕都是千篇一律的,答案的高度一致意味着人生追求的极度相同,这是天理所决定,也是人性所呼唤。

著名心理学家 James(1902)说得很直接:"事实上对任何时代的大多数人来说,获得、保持、恢复快乐是其做所有事情的内在动机。"著名哲学家 Feuerbach 所言很真切:"一切有生命和爱的生物、一切生存着的和希望生存的生物之最基本、最原始的活动就是追求幸福。人也一样,人们进行的任何一种意志活动,任何一种追求也是追求幸福。"班布里奇研究生院的Pinchot(2010)发问很现实:"如果不是为了生活幸福,我们发展经济和拼命工作的目的何在?"

在现代经济理论中,向后弯曲的劳动供给曲线清楚表明:追求幸福而非收入是人生的终极目的,如图 1-1 所示。依据补偿性工资理论,工作产生负效用,当工资 W 高到一定程度 W_a 后,物质生活水平相当高了,由于人们对"适当的生活水平有相当牢固的观念",如果减少工作依然可有奢华的消费,此时人们就会享受闲暇,劳动供给 L^s 会减少很多,世界劳工时间不断缩短就是最好的证明。此理论还表明:收入只是人实现幸福的手段或工具,绝非目的。该曲线还可用来解释很多问题:如供给学派的减税会增加劳动供给吗?为什么会产生中等收入陷阱?经济增长是否存在收敛?……

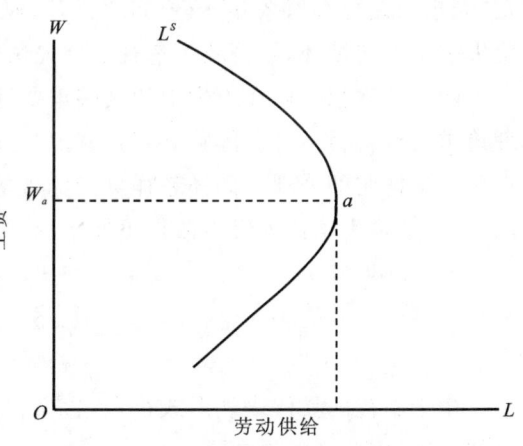

图 1-1 向后弯曲的劳动供给曲线

显然,无论是学者观点还是经济理论都说明了幸福是人生追求的终极目的,其具有人本性、普适性、终极性、公理性。可以说,幸福是个人一切活动的最终目的,包括经济活动。

1.2 经济的社会目的

同个人一样,一个社会的经济活动也是有目的的,那么一个社会经济活动的最终目的是什么呢?由于社会是由人构成,而经济活动又是服务于人,因此经济的社会目的是由个人的最终目的决定。美国经济学家 Brue(2007)指出:"经济的社会目的是国民幸福最大化,而非国家金库拥有的金银数量最大化。"显然经济活动是服务于人的幸福,而非积累物质财富。人不应服务于物,相反应是物服务于人,而且是服务于大多数人,而非少数自命不凡的精英和权贵。人不是物,人有认知、需求、效用和偏好,而物没有。人也非动物,英国哲学家 Russell(2020)说,"动物只要不生病,有足够的食物就会快乐。"我们觉得人也是如此,但实际却不是,至少绝大多数情况下不是。因此无论是经济研究还是政府制定政策时,都应考虑人的精神需要和心理满足。经济问题绝非客观的物理问题,而是人的主观心理满足问题。如果一个社会的成员都追求幸福,都偏好高水平的社会福利,那么政府就应在资源的动态约束下,表现在经济增长或税收的动态约束下,通过供给社会福利实现国民幸福感最大化,这就是实现经济活动社会目的的一个重要途径。

幸福是个人生活的终极目的,由此也就决定了其是人类社会的终极目的。人类社会的一切活动,包括社会、经济、文化、宗教、伦理、政治等物质或精神方面的活动,目的都是为了让自身生活更加幸福。明确了经济的社会目的,就有利于明确手段与目的之别。经济活动只是服务于社会成员的手段或工具,绝不能为经济增长而增长。如 2014 年 8 月 6 日《羊城晚报》批评 XX 招商广告:"XX 人民欢迎您来投资,你们来剥削得越多我们就越开心";法治环境的目标是"老板怎么安心怎么办"、服务环境的目标是"老板怎么开心怎么办"、人文环境的目标是"老板怎么舒心怎么办"……如此公开、疯狂践踏伦理及人权的事例正好表明:如果经济理论失去了人文情怀,经济政策忽视了国民情感,那么,即使经济增长了,人也不会幸福。

明确了幸福快乐在人生中的极端重要性和经济的社会目的,自然幸福也理应成为国家治理追求的首要目标。美国独立宣言就把"追求幸福"称为人的一项"不可剥夺的权利",并将其视作不证自明的公理。同样慈祥可亲的温家宝总理在 2010 年春节团拜会上强调,我们所做的一切,都是为了让人民生活得更加幸福、更有尊严。

1.3 幸福含义

由于幸福的具体表现形式很多,含义也就非常广泛,因此在不同情形下出于表述习惯或方便,可采用广义的说法。

Layard(1985)认为,幸福是一种感觉。虽然说感觉好就幸福,但感觉舒适并不等于幸福,Scitovsky(1976)指出,停留在最佳唤起或刺激水平的舒适并不能让人产生好的感觉,相反是无趣、乏味。感觉、效用、情绪三者与幸福感密切关联。从广义上讲,经济学的效用概念含有快乐或痛苦、正向或负向情绪之义。幸福感还有一些学名,包括工作满意度、财务满意度、健康满意度、社交满意度、社会环境满意度、生活满意度等。这些学名不仅表明了影响幸福的主要因素,而且也说明幸福是一个可度量的主观指标,可通过自陈的主观幸福感(subjective well-being,SWB)量表度量出来。

Pflug(2009)认为,幸福的反面就是不幸福或痛苦。同样痛苦也可度量,Algom 和 Lubel(1994)的神经生理学研究表明,不同妇女对分娩痛苦的自我报告值就非常相近。幸福和痛苦可度量又意味着人际效用可比较。Easterlin(2010)认为,由于大多数人评价幸福感的标准非常相似,因此具有相当的可比性。不仅如此,痛苦感与幸福感还可相互抵消。神经科学研究发现,快乐和痛苦在人脑的部位被记录和处理,但两者可相互抵消,犹如慢跑后的轻松愉悦可抵消很多工作和生活压力。Lang(1995)研究表明,看过令人愉快的美食照片和婴儿微笑照片,可减轻人对噪音的反感,相反看过令人作呕的照片,则会加剧人对噪音的反感。而且依据参照依赖理论,痛苦减少就是幸福,反之幸福减少就是痛苦,如此说来,痛苦减少就有幸福增加之意,或幸福减少就有痛苦增加之意。

总之,采用广义的幸福概念意味着尽管不同地方关于幸福的说法不同,但作为一种正向体验、好的感觉或正的效用其含义并无实质差别,而且幸福的基本含义本身也不随语言、文化、宗教和时间而变化。

1.4 经济学与幸福

标准经济学由于自身的局限,使其在理论上及据其制定的政策上都未很好地增进国民幸福感,对此学者进行了广泛的探讨,并指出了其存在的不足。

1.4.1 标准经济学偏差

标准经济学从内容上来说,并未有效增进国民幸福感,可从以下两个方面分析。

一是观念偏差,表现在固执地认为收入增加国民幸福感就会增加,该观念严重妨碍了通过政府政策增进国民幸福感。早在18世纪末古典主义产生之际,"政治经济时代"就替代了"道德哲学时代",主张自由放任的政治经济学,被视为政治家或立法家的一门学问,目的是富国裕民而非幸福于民。因为很多学者认为,只要产品生产或国民收入增加,国民幸福感就可增加。此间社会经济发展水平不高,将收入与幸福等同还可理解,那么当收入水平较高时还固执于此就让人疑惑了。享有国民收入之父的Kuznets早在1934年就告诫美国国会:"一国的福利水平绝不取决于国民收入。"28年后尽管美国已经很富裕了,但Kuznets(1962)还是提请社会特别注意:"我们必须牢记经济增长的数量与质量、成本与收益、短期与长期之别……还必须更多地明确增长的目标,什么东西需要增长,增长的目的是什么。"显然,Kuznets道出了经济增长问题的实质,绝不能简单认为经济增长了国民就幸福了。

二是假设偏差,表现在理性人假设方面,该假设将人视作只会精打细算、不会犯错的冷冰冰机器,然而,这与事实不符。19世纪后期边际主义革命兴起,经济研究也从关注客观财富转为主观幸福,其后职业经济学家开始出现。边际主义革命是经济研究转变的一个重大里程碑,由此表明,财富的价值不再用生产耗费的资源衡量,而是用消费获得的效用衡量。效用的基础是个人主观心理偏好。尽管边际主义强调了经济学的主观性这一真理,但同时却将人假设为严格遵守程式(理论)的理性人,忽视了人类活动的多姿多彩,人类情感的千变万化。17世纪法国哲学家、数学家Pascal就指出,任何一个单独真理都是不充分的,因为世界是很复杂的。任何一个真理如果脱离了与其互补的真理,就只能算是部分真理。事实上人有理性的一面也有非理性的一面,而标准经济学只分析理性的一面,自然只能算是部分真理,且仅限于资源优化配置方面的真理,而非个人幸福方面的真理。

1.4.2 标准经济学纠偏

纠正标准经济学的偏差,催生了两门学科。观念偏差及其对现实的影响导致了幸福经济学(Economics of Happiness)的诞生;假设偏差及其不能解释的异象导致了行为经济学(Behavioral Economics)的产生。这两个朝气蓬勃的学科都涉及人的幸福感。

1. 观念纠偏——幸福经济学

一个缺衣少食的社会固然难以幸福,正如饥饿时没有人想接吻。但一个丰衣足食的富裕社会也并非必然幸福。事实上收入与幸福绝非是单调、线性、递增的关系。一个有悖常理的现象激起了众多经济学家的兴趣,随着人均收入增长国民幸福感并未增进,即"幸福收入悖论"。

幸福经济学奠基者,著名的美国南加州大学经济学家和人口统计学家Easterlin(1974)首先提出了幸福收入悖论,因此该理论也被称为"伊斯特林悖论(Easterlin Paradox)"。他应用两种数据说明了幸福与收入关系,结果表明:尽管在既定时间内一国收入与幸福呈正相关,但不同国家的横截面数据对比却显示收入与幸福的相关并不显著。后来很多学者的研究都证明了悖论的存在。Inglehart(1990)的研究表明,当人均国民生产总值超过5000美元后,国家将从"经济收益阶段"进入"生活方式多样化阶段"。在前一阶段,随着经济增长国民福利也会明显增加,但在后一阶段,经济增长提高福利的作用并不显著。后来Diener和Seligman(2004)的计量研究同样表明,当一国人均收入超过10 000美元后,收入与满意度间的关联就开始减弱,相关系数只有0.08。事实上运用测量脑电活动水平的技术也可证明悖论的存在。Davidson(2003)的研究表明,人的前额皮质区中的脑电活动水平与主观幸福感密切相关。自20世纪50年代以来,尽管人的购买力大幅增加,但其脑电活动水平却显示每代人的幸福感基本不变。

可见,无论是大量计量经济学研究呈现的成果,还是非常客观的脑电技术手段揭示的结果,都证明了幸福收入悖论的存在。

此外,悖论还可用痛苦感增加证明。抑郁症是人在现代社会各种因素综合作用的一种精神状态,对于评价一个社会幸福与否具有很大的说服力。在衣食无忧的情形下,幸福感下降的一个最典型表现就是抑郁症增加,抑郁症是幸福连续体的负极。对美国、波多黎各、德国、法国、意大利、黎巴嫩、新西兰和中国台湾地区等共40 000人的调查表明,尽管其经济大幅增长,但人民患抑郁症的风险增幅更大。抑郁症与自杀密切相关,研究表明,80%的自杀者患有抑郁症。而Helliwell(2006a)的研究也证明,发达国家国民的自杀率和生活满意度存在着很强的负相关。显然,以上研究表明,经济增长并未减少国民的精神痛苦,其表现之一就是抑郁症和自杀率呈现增加之势。

1) 幸福经济学兴起

在长达数个世纪里,幸福问题一直是哲学研究的中心。长期以来,幸福的经验研究也一直属于心理学的领域,其间一些社会学家和政治学家也做出了重要贡献。20世纪后期,心理学与经济学联姻,杂交出了幸福经济学。引人注目的是Easterlin(1974)的开创性贡献,然而,当时追随者极少。同样,Scitovsky(1976)极富思想性、开创性的著作《无快乐的经济》(The Joyless Economy)也未引起学者的高度关注。直到1993年在伦敦召开的一次研讨会情况才有所改变。会上如何测量人自陈的主观幸福感和幸福感取决哪些因素等问题激起了经济学家的极大兴趣。20世纪90年代后期,经济学家开始大规模发表幸福决定因素的经验分析。

2) 幸福经济学成果

幸福研究横跨多种学科,对经济学家来说,特别感兴趣的是决定幸福的经济因素和经济政策引起的后果,然而,研究远不止这些。与此相似,心理学家虽说专注于心理过程,但在经济因素(特别是收入)影响幸福感方面也做出了重要贡献。幸福经济学的研究已经繁花似锦,硕果累累,以下选取几个重要的成果加以介绍。

(1) 比较效应。该效应可表现在两方面:①时间比较,即自己的现况与过去比较。这种纵向时间比较对幸福感的影响巨大,表现在范围非常广泛,特别是对人的短期体验。在正向刺激和负向刺激数量和强度相同的情形下,先正向刺激后负向刺激,或先负向刺激后正向刺激,这种时序的不同,人的评价或体验也完全不同。同样负向刺激下降人会感受到幸福,反之正向刺激减轻人则会感受到痛苦。简言之,时序不同感觉不同。②社会比较,即自己的状况与他人状况比较,他人可以是家庭成员。众多研究表明这种横向人际比较对幸福感的影响同样巨大。在收入达到一定水平后,物质财富增加并未让人幸福。在物质财富竞赛中,重要的不是自己拥有什么,而是要拥有他人没有的或拥有的比他人多,由于社会上不可能多数人都比多数人强,因此这是幸福收入悖论产生的一个重要原因。

(2) 适应机制,即缺乏变化的状态会让人感觉迟钝。生活需要变化,否则人就会逐渐适应。Scitovsky(1976)的研究表明,脉冲式变化给人的刺激可让人幸福。即使一个人生活优越,但如果生活长期不变也会感到枯燥、乏味、烦闷。长期看,舒适并不是决定幸福的重要因素。一个人的生活水平不高,但如果能感受到呈现脉冲式的正向刺激变化,其幸福感也会提高。为了避免适应对幸福感的负向影响,人应学会喜欢变化、寻求变化、享受变化,苦乐交替就比一直乐要好。

(3) 程序效用,即人在一种制度实施过程中所产生的幸福。这种过程可增进人的自我感,从而满足人的自主、关系、胜任等内在心理需要。程序效用意味着人不但重视结果,而且也重视结果形成的条件和过程(Frey el al,2004;Benz,2005)。

程序效用作为一种分析方法,重在非功利性的幸福过程,相反,标准经济学运用的方法是结果导向,人的效用被视作成本和收益计算的功利性结果。Lind(1993)通过一个仲裁案例对此进行了说明。仲裁结束后双方当事人都面临着是否接受裁决的选择。经济学的分析是:是否接受裁决取决于结果是否有利自己。然而Lind的分析表明,是否接受裁决取决于程序是否公平,公平程序比功利结果更重要。如果当事人认为仲裁程序公正,就更可能接受裁决,而不管结果是否有利。公正程序是让人"发出声音"的程序,对人关心的事情给予一个说话的权利,可给予其程序效用。程序效用的存在说明两点:一是社会公平公正对于幸福的重要影响,一个正直的人更关注结果的形成过程,如竞争过程只要符合"三公原则"(公平、公正、公开),即使失败人也会接受,而不会有太多的痛苦。二是民主很重要,要让民众拥有选举和参与社会决策过程的权利。

以上方面对人调节生活和政府制定政策,进而增加幸福感有着非常大的帮助。

2. 假设纠偏——行为经济学

长期以来,以新古典经济学为代表的标准经济学,以理性人假设为理论基石,尽管据此也可分析生活中大量的现象,但却无法分析现实中的异象,进而遭到学者的质疑,正是对人的这些非理性异象的研究,才出现了行为经济学。

1)行为经济学诞生

行为经济学诞生于20世纪70年代末期,标志是两篇著名文献的发表。一是1979年由二位心理学家Kahneman和Tversky发表的 *Prospect theory: An analysis of decision under risk*。二人于1974年也发表过 *Judgment Under Uncertainty: Heuristics and Biases* 一文,揭示启发式直觉得出的概率判断与统计原理不符,但1979年的论文提出了一些非常重要的概念,如参考点、损失厌恶、主观概率判断,这些概念已成为当今行为经济学的基本概念。二是芝加哥大学经济学家Thaler(1985)在具有里程碑意义的论文 *Mental accounting and consumer choice* 中,首先运用心理账户分析人的行为选择。

行为经济学将利己动机与心理因素结合起来分析,突破了标准经济学完全理性的假设,拓展了经济学的研究范围和解释能力。其理论可用来解释很多标准经济学无法解释的异象。正如Camerer和Loewenstein(2004)所言:行为经济学通过提供更为现实的心理基础,进而增加了经济学的解释力。由于行为经济学的突出表现,2002年的诺贝尔经济学奖授给了Kahneman,2017年则授予了Thaler教授。

2)行为经济学主要任务

行为经济学的横空出世与标准经济学假设存在的问题密切相关,其主要以批判理性人假设为己任,揭示人们认知和行为选择的错误。理性人也称经济人,此人有以下几个特点:

(1)利己的、追求效用最大化的,不考虑他人效用的人。
(2)按贝叶斯概率(主观概率)选择。
(3)时间偏好不变。
(4)收入与资产具有完全替代性。

现实中,人的理性程度远低于标准经济学假设,人的非理性行为的存在既非随机也非无知,而是具有系统性和可预测性。如果人的行为都像标准经济学假设那样充满理性,那么就无法解释以下异象:

(1)为何对罪犯长期监禁的效果并不如意?
(2)为何人们常常会买一些没有用的商品?

(3) 为何卖家对于商品的评价要比买家高？
(4) 为何人们总觉得只要一洗澡电话就响？
(5) 为何收取会员费的超市生意还特别好？
(6) 为何铜牌获得者要比银牌获得者快乐？
(7) 为何考试惨败后拜佛成绩还真提高了？
(8) 为何人们愿推迟与好莱坞明星的接吻？
(9) 为何朋友聚会轮流做东比 AA 制幸福？
(10) 为何瘫痪后并非人们想像的那般痛苦？

上述问题标准经济学要么无法解释，要么解释与事实不符。然而，如果运用行为经济学理论，上述问题都可得到较好的解释。因为标准经济学理论的假设偏差，忽视人的行为受经验、情绪、记忆、印象、适应、诱惑、社会诉求等心理因素的影响。按照其假设，人沦为一台只会精打细算、精于计较的冰冷机器。然而，人不是机器，机器的行为是预设、自动、无意识的，尽管机器也有大脑（电脑），但没有心灵（情感），而人不仅有大脑、心灵，还有各种复杂的情感，而且这些情感很大程度上都是主观、片面的。Redelmeier 和 Kahneman(1996)的肠镜实验就最好地证明了这点。

3) 肠镜实验和峰终定律

在 69 分钟的肠镜检查中，二人要求病人对最近每分钟所感受到的疼痛程度依 0～10 分的标准打分。结果表明：病人对疼痛的评价取决于两方面——最痛的一次（无论何时出现）和最末 3 分钟的平均疼痛，这个发现就是著名的峰终定律（peak - end rule）。后来 Katz 等(1997)又做了一次实验，在做完肠镜检查后，在一半的病人中将肠镜在体内多停留 1 分钟，结果表明：尽管不适时间延长，但感受的疼痛并不强烈，相反评价更为乐观。由此再次证明，人对舒适或不适的客观度量与主观感受存在很大差异。由此可知，操纵刺激时间和强度可操控人的感受。峰终定律的终与近因效应相似，二者都说明结局很重要，可谓结局好一切都好。近因效应指人对最近的感受记忆、印象深刻。显然该效应对人的评判影响很大。与此相反，有时最初体验留给人的印象记忆、印象深刻，这就是首因效应。

由峰终定律可知，当重刑犯经历了最初入狱的极度痛苦后（研究表明，监狱自杀事件一半发生在入狱首日），待到刑满释放时，他（她）对服刑初期感受到的恐惧、悔恨、绝望以及失去自由的窒息感基本消退，这不免会影响到刑罚的效果。累犯和惯犯数量的大量存在就是最好的证明。同样，在暴力和色情电视节目中穿插的广告，观者非常容易遗忘（Bushman 和 Bonacci，2002），其中也蕴含着该定律。

行为经济学的一个重要使命就是增加人类的福祉。近年来，幸福已成为研究的一个重要领域。Kahneman、奚恺元（Hsee）等学者就致力于这方面的研究并认为，经济和社会发展到一定阶段，收入增长与幸福的关系逐渐弱化。许多诱惑就是以幸福的名义将人引入不幸福的陷阱，如贪求名、利、权，人的最优选择能力远非标准经济学表明的那般强。因此，学习行为经济学有助于避免思维和行为偏差，增进幸福感。

2 启发偏差

哲学家 Russell 指出:"绝大多数人还未来得及思考就死了,而实际上,他们根本就未思考过。"此言极是,思维对现代人极为重要,美国《本科教育意义和目标调整项目报告》就特别指出:"大学教育最优先任务是培养学生的思维能力。"标准经济学认为,人在思维、理解、记忆、交流等认知方面是完全理性的。然而,Kahneman 和 Tversky(1974)指出,人的认知并非理性,会受到直觉(heuristic)驱使,而基于启发式直觉评判得出的概率并不符合统计原理。人在经验、情绪、记忆等直觉启发下做出的判断极易出现偏差,认知偏差会让人自食其果,感受到懊恼、悔恨、焦虑、紧张、恐惧的痛苦。

2.1 认知偏差

在人的认知中,直觉作为一种自动化评判起着非常大的作用,直觉评判并非不好,但时常会犯错,如此直觉也就成为错觉,这种直觉评判所致的认知偏差就是启发式偏差。

2.1.1 直觉评判

法国哲学家、数学家 Pascal 指出:人的心灵活动有其自身原因,而理性却无法知晓。3 个世纪后 Kahneman 证实了非理性的无意识存在,并认为人的大脑中同时运作着两个系统,即潜意识层面的直觉评判系统Ⅰ和意识层面的逻辑思维系统Ⅱ。

在人的思维中,只有小部分为深思熟虑,大部分为自动化、情绪化、条件反射。系统Ⅰ的特点就是快速、不受控、无意识,表现为脱口而出、情不自禁、不由自主、灵感乍现等。Macrae 和 Johnston(1998)指出了系统Ⅰ的合理性:"几乎对每一件事来说(如开车、约会、跳舞),人的行为就须与效率低、受意识控制的工作方式(如缓慢、序列处理、耗用心理资源)分离,否则就什么也干不了。"然而,系统Ⅰ也时常出错,对于正面朝下你输,反面朝上我赢,你会参加这一游戏吗?Frederick(2005)通过认知反射测试证明了直觉的错误。在回答以下 3 个问题时,很多人在直觉的驱使下都做出了错误的回答:

A. 球拍和球共 1.1 美元,球比球拍贵 1 美元,请问球多少钱?

B. 5 台机器 5 分钟生产 5 个零件,请问 100 台机器生产 100 个零件需要多少分钟?

C. 湖里的睡莲每天覆盖面积都会增加一倍,48 天可覆盖整个湖面,请问覆盖半个湖面需要多少天?

同样在生活中直觉判断系统也常会出错,说到养生品、保健品就认为一定对健康有好处;

看到产品价高就认为一定质量也高……诸如此类的情况比比皆是。幸运的是,系统Ⅱ具有审慎、耐心、控制性、分析性的特点,常会纠正系统Ⅰ的错误,如买东西时,人常会遇到这种情况,乍看很喜欢(系统Ⅰ):"太美观了!我要买。"但很快就冷静下来(系统Ⅱ):"价太高,没地放……"最终做出与直觉不同的评判。

直觉评判受到经验、情绪、记忆3个因素的影响。

1. 经验直觉

人是先天和后天共同作用的产物,生物本性和生活经验共同造就了人的认知。人的大多行为都是从经验中学到的,经验法则作为一种思维捷径,依其做出的认知,可称为经验直觉。生活中存在着大量凭借经验的无意识动作,如看到信号灯变红时,人就会下意识踩刹车。

经验直觉有着重要的生物进化意义。思维的生物目的首先是生存下来,其次才是保证正确或最优。在遇到时间紧急和需要处理的信息很多时,人就只能依经验快速做出评判。生活中,人们对于喜欢、厌恶、恐惧、危险等评判就是如此。尽管经验直觉不一定符合逻辑,但从适应生存的角度看则非常有效。想象人在密林中忽然听到周围有动静,可能是风吹树摇,但如果是毒蛇猛兽发出的声响呢?情急之下直觉做出的评判——那是非常危险、可怕的,有其适应意义,这种本能反应有利于人的生存,并将这种基因传给后代。

如果人拥有丰富的经验,相关情境信息就会存储在记忆中,如接电话时对方一开口就能知道是谁。同样社会心理学家Janis(1986)采访了一些政界、商界和教育界的决策者后发现,他们在解决问题时并非总是先思后行,多是凭感觉。商人凭借敏锐的经验而非理论嗅到市场机会,其直觉来自家族经营环境的潜移默化和生活大学的学习。Roberts(1991)研究表明:子(女)承父业成为企业家者数占绝对多数。企业家在公司成立前很少进修过商业课程,即使进修过也难说与其成功相关,因为大多进修过者并未取得成功。老年人的经验丰富,其思维多是经验直觉,常自诩"我过的桥比你走的路还多",如此很易墨守成规而常沦为"老顽固"。经验可转变为习惯,Wood(2007)指出,人的40%行为是习惯性的,这意味着人的40%行为很难通过改变想法和意图而改变。

人很难摆脱经验直觉,其可减少思维耗费的大脑能量,让生活轻松一些,但也应知道这并非正确,因为世事变化无常,过去与现在并非一定相同,因此凭经验评判时常会犯错,让人感受到懊悔的痛苦。

2. 情绪直觉

人非冰冷的机器而是有情绪的生物,如此评判必然受到情绪的影响。人的情感、感官、认知、行为一旦受到情绪的影响就很难摆脱情绪化。不受控制的情绪主导人的认知,此可称为情绪直觉。

(1)情绪与认知。思维与情绪关系是心理学中最古老的议题。人的认知取决于客观情境和主观情绪建构。在一个高或低的情绪状态下不可能认知正确。Pratkanis等(1992)研究表明,人处于恐惧和愤怒时,单有数据和事实无法让其信服。情绪直觉通常快速、不受控,在人深思熟虑前就表现出来。情绪会影响人对未来的评判。蜜月期的恋人会以为二人世界永远如此幸福;同样购买家电和家具等耐用消费品时,如跑步机、按摩椅,人会预期它们能带来持续的快乐,因而愿支付较高的价格。事实上,恋爱和耐用消费品带来的快乐远非像预期的长久。情绪还影响到对收益和损失的评判,悲伤时对损失更敏感,快乐时对收益更敏感。情绪对简单与复杂思维的影响还不同。情绪对于复杂、"有意控制"思维的影响比简单、"自动化"思维的影响大(Hartlage et al,1993)。人思考越多,思维受情绪浸染也越多。生活中,人对负向事件会越想越气,如此对不利于幸福快乐的事情还是少想为妙。

(2)情绪与言行。情绪主导认知,认知影响言行,因而情绪对言行的影响非常大。愤怒和恐惧是人的基本情绪。愤怒由于最具爆发性、危险性,因此常成为非理性的典型,被视为七宗罪之一。古代斯多葛学派将其化身为魔鬼,佛教将其列入最躁动的情绪加以避免。当人感到愤怒或烦躁时就更易冲动,做出带有不确定性和风险性的选择。待冲动消退后又会感到后悔,顿足捶胸,自责当时是不是吃错了药。Leith等(1996)研究发现,心烦者更易冒愚蠢的风险,如购买中奖率极低的彩票。显然负向情绪会影响人对风险的评判。Keyens(1936)就认为,投资受到血气或动物性本能的驱使。所谓血气就是紧张、歇斯底里、消化不良等心绪不宁的状态。正是这种投资不稳定导致经济不稳定。事实上,深思熟虑的算计只会让人瞻前顾后、畏缩不前,结果也不会有多少投资。就如大文豪莎士比亚所言:敢作敢为的血性被思前想后的顾虑害得变成了灰色,惊天动地的事业也往往中途旁逸,壮志全消。

(3)情绪与幸福感。情绪对幸福感的影响非常大。Schwarz等(1983)研究天气、情绪、生活满意度三者关系时发现,天气影响情绪,而情绪又影响生活满意度。晴天时被调查者的生活满意度更高。与此相似,Sinclair等(1994)发现,晴天传递信息、推销产品比雨天更易让人接受。人感到沮丧、烦闷时很易唤起悲伤、痛苦的记忆。当人心情烦闷时还会疯狂购物让自己高兴,忧伤情绪可提高消费倾向。事实上这种让人快乐一时的"购物疗法",不仅浪费钱财且会懊悔多时。

人的情绪很容易影响他人的情绪和受他人情绪影响。负向情绪易激发出一种挑剔的思维,让他人极不幸福。面对妻子的规劝:"你就不能把这东西放归原处吗?"丈夫情绪烦躁时,会将规劝归咎于妻子性格问题——"她总是这样又凶又恶。"相反,丈夫情绪愉悦时,则会将规劝归咎于外部因素——"她今天一定是遇到了烦心事。"更重要的是,人听到充满挑衅的言语时会以牙还牙,引起矛盾升级,很多家庭矛盾就是源于情绪化的恶言恶语。伴随着正向情绪的幸福感可在三层关系内传播,如朋友的朋友的朋友。幸福感可将人聚集起来,无论这些人最初是否相识,幸福感具有很大的传染性,而且效果持久。

保持良好的情绪可让人幸福,而幸福可带来经济收益。人感到快乐时,往往精力充沛、果断、富于创造力和合群。与不快乐的人相比,快乐的人也更有责任心,更信任人,更可爱,做事效率更高,收入也更高。Diener等(2002)研究表明,幸福者会积累更多财富,内心快乐和愉悦的大学生毕业19年后,其收入比同学多30%。后来Huppert(2009)的研究揭示了产生这种现象的原因:拥有幸福或心态积极的员工工作效率更高,思考方式更具创造性,并能更加迅速地得出准确结论。

(4)情绪控制。人受情绪影响是天性,现实中很少有人不受情绪影响,但想要生活幸福还是要少受其影响,为此有3种方法:①学会控制情感。意大利教授莫泰尔里尼指出,一个理性的人并非没有感情,而是能很好控制自己的感情。那么如何才能有效地控制呢?可进行有意识的训练,情感控制如同增加肌力,会随着不断练习而得到加强。②学会转移注意力。遇到负向情绪高时,运动、玩乐器和向朋友倾诉都可让人平静下来(Myers,2007)。事实上,用慢跑对冲负向情绪非常有效。③避免情绪波动时做决定。尽量在情绪平复后再做决定,为此有两种方法。一是设立冷静期。如考虑一晚,或心里数到10。看到令人冲动的煽情广告和促销措施时,人的需求就会增加。营销者也擅长制造需求和购买紧迫感,常会说"现在不买就没了"或"就剩几件了",以此影响人的情绪。对此美国政府要求出售大且贵的产品时要给予消费者一定时间,以便改变想法,如购买手枪后需等待5天才能获得枪,又如许多州规定获准离婚要有一定的等待期。二是学会冥想。神经学家发现,冥想不仅可让人的大脑变得擅长冥想,而且可提高自控力、注意力、管理压力、克制冲动和认识自我的能力,而且冥想对于幸福感的影响极大。

3. 记忆直觉

记忆直觉指人凭记忆快速认知。由于记忆存在遗忘和加工,因而并非全面、客观,结果很容易产生偏差。

遗忘的存在让人的记忆并非全面,其记忆远比想象的差,即使与己有关的事情记忆要好,也不可能记住每个细节。认知心理学最重要的发现就是,当信息变得复杂时,人的记忆力会急剧下降。当今在网络上设置登录密码,位数越多越易忘。一般人只能记住4位数,即使如此,密码设置1周后,有30%的人会忘记,而3个月后有65%的人会忘记。

记忆并非照相和复印,其中含有主观建构成分,因此并非客观。一是记忆会随时间推移出现修改和歪曲。人的大脑在存储信息的同时也在构建记忆,记忆中很多细节是大脑通过其他信息填补进来的,这些虚构的记忆碎片通过大脑拼接,形成了虚假的记忆。人不可能意识到这种记忆重构,自然也就无从控制。事实上,记忆中错误的部分与正确的部分同样多。记忆还会出现选择性,如果人相信事件间存在相关性,就更可能注意或回忆支持性证据。二是记忆还会受到情绪影响。当记忆模糊时,情绪就会主导人的回忆。愉悦时人会觉得世界更友好,做决策似乎更简单,也更愿意回忆好消息(Stone,1986)。摘下玫瑰色的眼镜,戴上铅灰色的眼镜,糟糕的心情就会启动人对负向事件的记忆(Bower,1987)。过分相信记忆会拒绝受到其他因素的影响,但事实上这些因素存在真切的影响。

另外,人对不同事物的记忆还不同,对有些事物的记忆是外显、有意识的,如事实;而对有些事物的记忆则是内隐、无意识的,如单词、姓名。内隐记忆不需要意识所知晓,意识也无从知晓,其大量存在就最好地说明——人实际知道的比意识到知道的多。因为意识知道的只包括记住的,而实际知道的既包括了记住的也包括未记住的。

总的来说,记忆并非全面、客观,因此凭借记忆直觉评判常会出现认知偏差,其结果就是:并非你以为的就是你以为的。

前面介绍说明,人的评判会受到经验、情绪、记忆的影响,表现出一种直觉评判。通常这种快速评判能够满足人的需要,但在一些特别情形下,当准确性显得非常重要时,就需运用批判性思维抑制直觉冲动,以谨慎地做出冷静、客观、全面、长期的评判,否则就会因为犯错感到懊恼和悔恨。事实上直觉往往也会成为错觉,这就是启发式偏差。

2.1.2 启发式偏差

由于人脑中存在着直觉判断系统Ⅰ和逻辑思维系统Ⅱ,与此相对应,人也是借助两种方法认知事物,即算法(algorithm)和启发法(heuristic)。算法是运用规则、逻辑形成认知;启发法是人凭借直觉(经验、情绪、记忆)认知事物。这种快速、简便的思维捷径不能保证完全正确,那么人为何还要用启发法呢?

Fisker 等(1991)认为,人是认知吝啬鬼(cognitive misers),由于动脑筋需耗费大脑能量,费时且头昏脑涨,因此人总是力图节约认知能量,将复杂问题简单化。因此遇到以下情形时人常采用快速启发法:

(1)没有时间仔细思考或采用算法耗时过长时。
(2)缺乏或没有可靠、有用信息或算法可用时。
(3)拥有信息太多,信息超载以至无法充分处理这些信息时,或算法过于繁杂无法运用时。
(4)问题不重要、无需太多思考时。

因此,出于简化认知的考虑,通常认知吝啬鬼会设定"能解决问题就行、绝不让步的底线、至少这样才行"这样简单而现实的标准,由诺贝尔奖得主 Simon(1956)提出的这3个标准被称为"满意准则"。显然,该准则并不符合完全理性中的最优。

启发法有好处但也会产生偏差。Kahneman 和 Tversky 将启发法分为3种,即代表性(representativeness)启发法、可得性(availability)启发法、锚定与调整(anchoring and adjustment)启发法。这3种方法可得出正确结论也可导出错误推论。错误推论表现为认知偏差,即所谓的启发式偏差(heuristic bias)。启发式偏差并非个人素质、能力问题,任何心智正常、学养良好的人都会做出错误认知,从而影响幸福感。

2.2 代表性启发法

代表性启发法指不确定情形下,依事件具有的代表性类别特征,通过"类比"做出快速评判,而不考虑其他相关因素的影响以及代表性特征出现的概率。该法通常也可得出正确的结论,但也会出现认知偏差。

2.2.1 代表性错觉

代表性错觉(representativeness heuristic)指仅依事件代表性特征属于某个类别做出快速评判,结果犯错。如人们对不同国家和地区的国民常持有刻板印象:英国人礼貌,德国人和日本人严谨,法国人浪漫,意大利人热情,而奥地利人则安静、谦虚、亲切。通常这种评判也不错,但过分注重代表性就会忽视可能性,也就是忽视概率,进而做出错误评判。人的评判正确与否完全取决于事件发生的概率,生活中的诸多争论就是源于无视概率,事实上依据概率裁判真伪对错,众多纷争就会烟消云散。Fischhoff 等(1984)曾做过一个"职业实验",证明人只注重典型性特征而忽视概率的错误。

弗兰克,男,45岁。已婚,有子女,经历了两次离婚后将大部分时间消磨在乡村俱乐部。他在俱乐部与人交谈中,话题总是集中在悔恨中,悔恨过去一直追随尊敬的父亲的足迹,将大量时间用在做学问上,而他本可利用这些时间学会与人交往,懂得交往中不要争强好胜。请问:弗兰克作为一个律师而不是工程师的概率有多大?

回答前,假设弗兰克来自一个由工程师和律师共同组成的样本,然后分别告诉两组大学生被试不同的基础概率。一组被告知样本中工程师人数占30%,律师占70%;另一组被告知样本中工程师人数占70%,律师占30%。最后询问被试弗兰克很可能从事何种职业。结果表明,80%被试认为弗兰克是律师。显然,学生根本未考虑样本中工程师和律师的基础概率(客观概率),在其认知中,弗兰克具有更多律师的特征。

由此说明,人只依描述的代表性做出评判,全然不考虑概率的影响。这种偏差也被称为基率忽视。如1万日本人可能受灾和0.01%的日本人可能受灾,后者让人觉得人数更少。然而,按日本1.2亿人口计算,后者是1.2万人。同样,91.7%的人称产品有效与12人中11人称产品有效,两者差距巨大。

Kahneman和Tversky也做过类似的"职业实验":琳达,31岁,单身。心直口快且非常聪明,哲学专业。学生时期非常关心歧视和社会公平问题,参加过反核示威活动。请用概率对下述结论进行排序,1表示可能性最大,8表示可能性最小。

a. 她是小学教师。

b. 她在书店工作并参加瑜伽课程。

c. 她积极参与女权运动。

d. 她是精神病治疗社工。

e. 她是妇女选民联盟成员。

f. 她是银行职员。

g. 她是保险推销员。

h. 她是银行职员并积极参与女权运动。

实验数据如下:c选项平均排序分值为2.1,表明琳达积极参与女权运动的可能性非常大;f选项6.2,表明琳达是银行职员的可能性不大;h选项4.1,介于两者间。显然,上述分值出现矛盾。概率论表明,联合事件概率不可能比单一事件大。如一个人高考中了状元买彩票又中了巨奖,这个联合事件的概率显然要小于单一事件概率——中了状元或中了巨奖的概率。然而,人的直觉却常常违背了概率论,认为联合事件比单一事件具有更高的概率,也就是认为h的可能性要比f高,这种现象被称为联合谬误。

联合谬误与文化程度无关。在文化较低(来自哥伦比亚大学和斯坦福大学的本科生,未学过概率或统计学课程)、中等程度(来自斯坦福大学心理学、教育学以及医学的研究生,学过概率与统计课程)、知识结构完备(来自斯坦福大学商学院决策科学项目的研究生,学过概率与统计高级课程)三组被试中,实验表明三组被试选择的结果几乎相同。由此表明,一个心智正常、学养良好者,也会运用代表性启发法,忽视概率而夸大代表性的作用,做出错误认知。

心理学家Allport指出:"只要有极少的(显著)事实,人就会立即做出放大的概括。"在融合了作者观察、推理、期望和热情的文学、历史作品中,对历史上才子佳人、帝王将相在灯红酒绿的风流韵事中遭遇的不幸,总是心怀怜悯、感伤,然而,对历史上人祸天灾中成千上万平民的饿死、病死、冤死、战死,却少有悲愤、哀伤。"执著于代表性"就容易被一个生动的悲剧感动无比,而对枯燥的数字却无动于衷。可谓"死一人是悲剧,死百万人是一个统计数据。"

2005 年诺贝尔奖得主谢林(Schelling,1968)对一个悲剧与统计数字间的差别有精辟说明:若 6 岁棕发女孩需几万美元手术以便活过圣诞节,那么帮助她的铜板、钞票会如潮水般涌入邮局。但若新闻报道说,如果麻州政府不征收营业税,医疗水平就会大幅下降,就会死大量的人(一般人感受不到)。对此极少人会眼眶湿润,伸手缴税。事实不是如此吗?在美国,当小女孩迈克·卢尔掉进得克萨斯的一口井里时,全世界有数百万人的注意力都集中在对其 3 天的营救上,然而,在这 3 天中却有超过 10 万不在公众视线中的儿童死于饥饿、腹泻和疾病(Gore,1992),可悲的是谁又去关心他们呢?死一个人是一个感天动地的悲剧,而死成千上万的人却是一个平淡无奇的数字,这种认知偏差怪相难道不应发人深省吗?由于不满于这种偏差,美国作曲家 Copland 专门创作了《普通人的号角》,就是为了纪念战争中牺牲的普通人。

MBA 案例教学中,生动有趣的典型案例剖析颇具感染力,但谁会思考其是否具有普遍性呢?谁又会去思考其蕴含的合成谬误?追求事实真相的记者与读者一样,也容易被生动的故事而非客观真实的研究打动,他们可能被一种新疗法治愈某个患者吸引,而非该疗法成功率的统计信息吸引。为了避免新闻报道中出现这种认知偏差,《华尔街杂志》记者手册就要求一个记者不能固守自己的先入之见……忽略矛盾的证据。

2.2.2 随机事件认知错觉

在美国大学中,大多数学生都觉得统计学很乏味,除微积分和有机化学外统计学到课率很低。然而,统计学对问题分析极为重要。生活中无视统计学就会受到"可能性"操纵。研究中离开计量分析的参数估计和假设检验,就很难揭示变量间有无关系以及关系程度大小,如对药物疗效、价格作用的评价。人过分注重代表性就会忽视样本大小,以偏(较少样本)概全(总体情况),很容易出现对随机事件的认知错觉:一是从随机事件中知觉出规律;二是以为小样本与大样本具有同样代表性。

1. 错觉相关

人很容易在一个没有相关的地方看到相关。当人期望发现某种联系时,就会将各种随机事件联系起来,从而导致一种错觉相关(illusory correlation)。

不确定性厌恶心理(uncertainty aversion)表明,人喜欢事物具有规律、秩序、意义和确定性,遇到不确定时就会感到焦虑和烦躁。心理学家 Berlyne(1965)关于罪犯的研究表明,服刑最大的痛苦就是服刑时间的不确定。与无望获得假释的罪犯比,有望获得假释的罪犯更痛苦。不确定性厌恶心理使人喜欢在无秩序中看到有序,在偶然中发现必然。神经科学也表明,人脑怀疑时就会不适,怀疑程度越高不适感越强。如此人就有一种喜欢确定、有序的倾向,当这种倾向不受控制时,就会在不相关的事件中觉察到相关,并将这种倾向的产物当作既定事实,最终就会相信那些根本不存在的事物。

Ward 等(1965)曾报告过一个假想 50 天造云的实验结果。实验中告诉被试这 50 天中哪几天造云，哪几天下雨。这些信息纯粹是随机的，有时造云后下雨，有时造云后却未下雨。尽管如此，被试仍然确信造云和下雨存在相关。Trolier 等(1986)研究也证明，人很易将随机事件视为支持信念的证据。如果相信事件存在相关，就会更多地注意和回忆支持性证据，相反相信事件不相关就很少会注意和回忆这些支持性证据。

2. 控制错觉

将随机事件视为相关还很易产生控制错觉(illusion of control)，即认为自己能够控制随机事件。控制错觉是驱使赌徒持续赌下去的动力，也是驱使人为无法实现的事盲目努力的原因。在随机事件中，值得特别注意的是：努力并非一定成功。爱拼才会赢，能否赢不也是三分天定七分打拼吗？

人容易以为自己能够预测和控制随机事件。Langer(1977)的赌博实验证明：与由他人分配彩票号码者相比，自主决定彩票号码者出售彩票时，其要价是前者的 4 倍。Kahneman(1982)研究同样表明，赌博时面对一个笨拙、紧张的对手下注，要比面对一个精明、自信的对手多；面对一个破衣烂衫的对手下注，要比面对衣着整洁的对手高 47%。对赌博的观察也发现，掷骰子者希望掷出小点数时，出手就会相对轻些，反之希望掷出大点数时出手就会相对重些(Henslin，1967)。事实上，控制错觉正是博彩业兴旺的原因。赌徒赢了就归因于其技术和预见能力，输了就会认为"差一点就赢了"或者"这次真是倒霉"。

美国《赌博研究》(*Journal of Gambling Studies*)报道，通过对 2700 万名网络扑克玩家研究发现，其赢牌次数越多，赢钱越少。原因在于，尽管赢的次数多但每次赢的数量不多，为了赢更多钱，玩家往往会不停地玩，而玩的次数越多，惨败的概率就越大。玩家几次小赢后就误以为掌握了赢钱的规律，其实真正的赢家是庄家，这是统计数据表明的结果，也是"久赌神仙输"的真实写照。当然，这一结论不适于极少数幸运者大赚一笔后金盆洗手。最后研究者给出的箴言是：赌场上"赢钱"的唯一方法就是停止赌博，早点回家。否则可能倾家荡产、妻离子散，酿成终身痛苦。

3. 小数定律

人常误以为小样本与大样本具有相同的代表性或概率分布，如掷 10 次硬币出现 5 次正面的概率与掷 1000 次出现 500 次正面的相同。忽视样本大小就会根据较少的数据快速得出结论。Tversky 将误以为小样本可反映总体的现象称为小数定律(law of small numbers)。与大数法则不同，小数定律是个错觉。由于相信小样本可代表整个随机过程的特征，因此就很易从一个小样本中推测出大样本的概率分布。

Tversky 问过同事杜伊教授一个问题：有两家医院，大医院每天有 70 个婴儿出生，小医院每天有 20 个婴儿出生。在 1 年中男孩出生超过 60% 的天数医院都做了记录，你认为 1 年中哪家医院这种天数更多？众所周知生男生女概率为 50%，然而，每天的概率会在 50% 上下波动。大数法则表明，随着样本增大，随机变量偏离均值会减少。由此可知大医院的波动小，男孩出生超过 60% 的天数也少。统计规律与常人的直觉评判不符，Tversky 的同事作为教授也难免其俗,其也错误地认为大医院天数多,由此说明认知偏差与心智、学识、教养无关。

后来 Tversky 又对这一问题做过一次严格的实验,结果表明,22%被试认为大医院天数更多,56%被试认为两家医院相同,只有22%被试认为小医院天数更多。由此证明大多数人都会犯小数定律的错误。

小数定律导致人仅依较少或不具代表性的信息评判一个人,一见钟情如此,一见如故同样。由此说明人的初始表现非常重要,如雇主对新员工进行评价时,员工最好还是额外多投入一些努力。

4. 赌徒谬误

赌徒谬误(gamblers fallacy)指人误以为一个机会序列出现后将出现相反结果。赌徒谬误与小数定理错误相同,都以为小样本与大样本具有相同的概率。

掷硬币时出现正面和反面的概率相等。那么在连续8次出现正面后,第9次出现反面的概率有多大呢?由于此前一直未出现反面,很多人以为正面概率很大,显然这种评判是谬误。事实上第9次出现正面或反面的概率依然是50%,第9次结果独立于前8次结果,两者无任何联系。生双胞胎的概率为1%,那么再次生双胞胎的概率为多少?一连中了两次头奖,那么第三次赢头奖的概率为多少?事实上,人很容易犯独立性错误,即将独立事件误以为相关,将相关事件误以为独立。

赌徒谬误生活中很多。在赌博时,赌徒连续输钱次数越多,越是认为赢的可能性越大。在赛马时,赌客会下注连续输的马,认为这匹马该胜了。在生儿育女方面,出现女—女—女—女—女序列后,以为生男的概率大增。对于这种认知偏差,行为经济学将其称为"自我矫正错觉",认为同类事件不会持续出现。

西谚有云:婚姻如同买彩票。生活中有人婚姻不幸,期盼离婚后再婚拥有幸福,犹如赌徒此次输了期望下次赢。事实上,由于多种原因,普通人中再婚不幸福者远多于幸福者。不是吗?随着离婚成本降低,婚姻市场上,二婚、三婚不断增加,因此有人说,再婚是希望战胜了现实。希望通过离婚再婚获得幸福,其中也蕴含着赌徒谬误。

5. 热手效应

热手效应(hot hand)指人误以为一个机会序列会持续保持下去,含义与赌徒谬误正好相反。

NBA球员沃尔德说过:"投中第1个球非常重要,接着我就能投中第2、第3个……"该看法表明篮球爱好者确信的"热手效应"。然而,行为经济学泰斗 Gilovich(1991)对费城76人队1980—1981赛季的投篮记录分析表明,并不存在热手效应。为了排除防守压力和投篮难度影响,他还分析了波士顿凯尔特人队两个赛季的罚球记录,结果结论仍然相同。为何人相信存在热手效应呢?人对随机序列形态存在强大的直觉,这种直觉让人喜欢找寻规律,Gilovich 的实验证明了这点。他先给一组篮球迷观看由"√"和"×"构成的几组排列组合,并告诉他们"√"为投中"×"为投失。然后请其评价,是否看到连续投中(或投失)记录。面对排列组合×√√√×√√√×√×××√××√√××,球员投中和投失完全是随机的,但依然有

62%的人认为其中包括了连续投中√√√（或投失×××）的记录。连续投中或投失是从小样本中看出来的一种趋势，这也是统计学上的"堆积幻觉"(clustering illusion)，也就是在随机"堆积"的数据中看到规律或因果关系。

篮球中不存在热手效应，人生也是如此，成功并非一定孕育成功，失败也并非一定造就失败。Kahneman(2008)认为，篮球中的热手效应或CEO连续兼并成功的数字，都是统计学上数据的连续变化，与技术毫无关联。他还认为，在华尔街的大型金融市场中，常有人声称自己擅长选取股票，但他不相信他们，就像不相信有人说他们能准确预测长期政治政策，觉得人给予了这类人太多的信任。显然，人们对于所谓"成功"人士能力的评价，也需要避免堆积幻觉，事实上，对这些人能力的评价还存在许多偏差，结果往往高估了其能力。

2.2.3　回归谬误

统计学中有个重要规律，名曰"均值回归"(mean regression)。在一个随机变化过程中，变量变动有两种，要么按随机游走分布，要么符合均值回归趋势。然而，人容易受短期结果的影响做出过度推断。回归谬误(regression fallacy)指人无视均值回归而用因果关系归因。生活中有些信息具有的预测作用有限，而人却喜欢利用这些信息，并采用简单、线性的方式预测和推断，即"非回归预测"。然而，从长远的大数法则看，由于众多复杂因素的影响，事物的发展趋势具有均值回归倾向，生活中经常可见这种现象。

考试发挥超常得分很高，再考就极可能得到一个低于此分的正常分数；反之，考试发挥失常得分很低，再考就极可能得到一个高于此分的正常分数。究其原因，超常和失常不可能大量出现，异常都要回归到正常（均值）。Gilovich的分析表明，个人成绩会受偶然有利和不利因素影响，即运气影响，如答案猜对或错，考前睡得好或不好……

在美国，考前为了获得好运，哈佛大学本科生会摸资助者约翰·哈佛雕像的脚，同样麻省理工的学生会摸资助者胶片发明家乔治·伊斯特曼雕像的鼻。取得超常成绩者往往是真实能力在偶然有利因素作用下的结果，而非真实能力在偶然不利因素作用下的结果。每年产生的高考状元就是如此，原因很简单，具有非凡能力者极少，且正常情况下偶然有利与不利因素作用会抵消，异常情况下偶然有利或不利因素作用才会特别大。结果，一次非常好（坏）的成绩，到了下一次可能就不那么好（坏），因为不大可能再次遇到大部分或全部偶然有利（不利）因素结合作用。考试得分最低的学生，在以后的考试中成绩很可能就会提高。然而，如果考试失常后学生去寻求老师辅导，成绩提高后老师会认为是辅导而非均值回归的作用，实际上辅导或许根本未起任何作用。对考试失常以因果关系罗列原因，如骄傲、松懈等，就是回归谬误。

事实上当事情处于低谷或坏到不能再坏时，由于均值回归的作用，人所做的任何尝试，如做美梦、喝红牛、吃喜饼、上教堂、烧高香、心理咨询、总结经验……无论这些有意识或无意识行为相关还是不相关，都会促使结果改善。均值回归的存在使得任何事情都不可能持续保持一个极坏或极好的状态。

在美国体育界流传着"《体育画报》封面魔咒"，很多体坛人士相信，上了《体育画报》封面就会倒霉。在1976年奥运会前，前奥运奖牌获得者Babashoff就因为害怕霉运拒绝为《体育画报》拍照。其实运动员不同时期的成绩并不完全相关,运动员成绩超常时再登上《体育画报》封面,随后成绩会回归正常。显然,登上封面后出现一段运动生涯的低谷期,原因不是封面魔咒而是均值回归。

Kahneman 和 Tversky 在以色列服役时,教官根据自身的经历对他们说:"在我称赞学员飞行动作漂亮后,他们再次尝试就非常糟。如果我咆哮学员表现差,通常他们表现就会变好。所以请不要告诉我表扬有用而惩罚没用,因为实际情况恰恰相反。"根据这些经历,教官还制订了一项特别的培训措施,即无论飞行好坏都批评学员。Kahneman 认为,教官在此犯了回归谬误,将均值回归现象理解成因果关系。

回归谬误还会影响父母和教师的教育理念。心理学家认为,在人的行为塑造过程中,奖励可取行为要比惩罚不可取行为更有效。然而,有人很难接受该观念,很多父母认为惩罚是首选的管教措施,所以西谚有云:闲了棒子惯坏了孩子。那么大众观念与心理学家观念谁对谁错呢? 运用均值回归可做出正确回答。通常人在非凡表现后会获得奖励,然而,均值回归决定了随后的表现会退步,奖励似乎起了相反的作用。相反人表现不佳后遭受惩罚,然而均值回归决定了随后的表现会进步,惩罚似乎发挥了作用。由此看来均值回归发挥了"惩罚了奖励措施,奖励了惩罚措施"的作用。惩罚不仅歪曲了教育的效果,而且如果体罚的话,还会增加被惩罚者的暴力倾向。研究发现,父母越是体罚孩子,孩子就越有可能日后在校园斗殴(Gunnoe et al,1997),就越有可能暴打约会对象(Simons et al,1998)。

明白均值回归之理有助于正确对待成败,不要因为成功过喜,免得下次失望;也不要因为失败过悲,免得陷入绝望,如此这般生活或许更幸福一些。

2.3 可得性启发法

可得性启发法指人常依据记忆、信息的可得性做出快速认知。该法也常存在偏差。

2.3.1 记忆可得性偏差

记忆可得性偏差指人常依记忆的可得性评判事件发生的概率,如此常会犯错。

信息越易从记忆中提取,如亲近的事、重要的事、与自己有关的事、最近发生的事等等,人就越易高估事件发生的概率,通常记忆可得性高的事件也确是经常发生的事件,因此事件记忆可得性确实与事件发生的概率正相关。然而,事件回忆难易程度绝非决定事件发生概率的唯一因素,从而据此评判也很易出现记忆可得性偏差。

Tversky 和 Kahneman(1973)的"字母序实验"证明了这点。二人问 152 名被试:如果你拿一本英语词典并统计其收录的单词数量,你认为以 r 开头的单词多,还是第三个字母为 r 的单词多? 由于记忆单词是依据字母排序,因此回忆出以 r 开头的单词很容易,而回忆出第三个字母为 r 的单词就困难多了。据此人就很容易认为 r 开头的单词比第三个字母为 r 的单词多。然而事实正好相反,后者比前者多得多。

记忆可得性除受事件易见到、易找到、易想到等影响外,还受事件显著性、生动性影响,因为生动、鲜明或骇人听闻的事件,人的记忆会更深刻,回忆会更容易。在美国问纽约州谋杀案与自杀案哪个多？人几乎都认为谋杀案比自杀案多。然而，事实却是，无论哪里自杀案都远比谋杀案多。在2000年前后5年里，美国新闻报道的杀人案增加3倍，而谋杀率却是下降的。同理，2009年，日本因被动吸烟死亡人数超过6800人，而因交通事故死亡人数却为4919人。

记忆可得性偏差让人更容易记住自己对他人做的好事，而非他人对自己做的好事。如果询问已婚人士婚姻质量问题，每人都会说自己比配偶担负了更多家庭责任。以自我为中心的天性让人更易想起自己做的事，而不是配偶做的事。可见，记忆可得性偏差会影响家庭生活幸福感，快乐不对称同样说明了这点。

记忆可得性偏差还让人容易记住负向事件，进而感到不幸福，这就是Gilovich所说的快乐不对称，其在生活中的标准句式为：我一怎样……就怎样……

人对事件结果的记忆存在差异，蔡格尼克效应（Zeigarnik effect）表明，人对未完成工作的记忆要强于完成工作的记忆。损失厌恶心理也表明，人对损失、痛苦的记忆更深。夫妻争吵中，败北的一方对争吵经历的记忆更深刻。Gilovich依据人对事件结果的记忆不同，将事件分为双面事件和单面事件。双面事件以好和坏两种结果出现，且两种结果都显得非常突出，进而都记忆深刻，如约会成败、考试好坏、比赛赢输、生意盈亏。单面事件结果以一种坏的结果出现，且显得非常突出，进而记忆深刻，如上课点名、遭遇停电。由于人对正向情感和负向情感记忆不同，就导致了"快乐不对称"。如"我一洗澡电话铃就响"。当人在洗澡时电话铃响，这件坏事就显得很突出，并被标记为负向事件，进而对洗澡时电话铃响事件记忆深刻。相反，洗澡时电话铃未响很正常，不会标记为一次事件，也就没有什么印象。

由于人对坏事与好事的记忆存在着不对称，让人总是误以为"运气不好"，如"一洗床单天就下雨""一到车站车就开了""一扔掉旧东西就要用到它""自己复习的内容考试却未考"。

显然，记忆可得性偏差让人记住更多的是单面负向事件，结果自然感到不幸福。生活中，很多人抱怨其配偶不像原来那样做家务了，当然或许情况的确如此，但也或许如下：只注意到配偶没有做饭、洗碗、洗衣、扫地等这些单面负向事件，而没有注意到配偶经常做饭、洗碗、洗衣、扫地等这些正向事件。类似的情况家庭生活中有很多：如一方想看电视，另一方却想逛街；一方想亲热，另一方却想安静；一方想做家务，另一方却想休息等。在出现诸如此类的事件时，为了避免争吵引致不快，还是多想想事件的两面性之一——正向事件，以避免记忆可得性偏差造成家庭生活不幸福。

2.3.2 信息可得性偏差

信息可得性偏差指人常依信息的可得性评判事件发生概率，如此也会犯错。

先前信息对人的认知影响很大。实验表明，先让被试看一些外国大海的珊瑚礁照片，然后问："你对冲绳岛有什么印象？"结果回答多是："冲绳岛有美丽的大海。"可如果是先让被试看一些军事设施的照片，然后问被试同一问题，结果却多是："冲绳岛有美军驻日基地。"

信息的生动性比统计信息对人的启发影响大。在美国大学的选修课实验中，被试要决定下学期的选修课程。被试拥有两份参考信息，一份为几百名学生评分汇总的课程评价意见，另一份为持不同意见学生的访谈录像。实验结果表明，被试更容易受到访谈录像的影响。即使告知录像中的学生是非典型例子,被试还是倾向参考访谈录像中的学生意见。

信息可得性偏差揭示了一个思维规律:从一般公理演绎具体例证较难,相反从一个鲜明例证中归纳出一般公理却很易。听到有关强奸、抢劫、殴打故事后,人会高估暴力犯罪的犯罪率(Doob et al,1988)。鲜明、生动、容易形象化的事件被认为更易发生(MacLeod et al,1992)。人为何容易做出这种错误评判?学者翻阅了美国东西部两份报纸,统计各种死亡消息的报道。结果发现,不同死亡消息的比例与人估计的比例惊人相似。他杀、事故、火灾事件的报道鲜明、生动、印象深刻,因此人误将这些事件出现在报上的频率当成生活中发生的概率。这种认知偏差会让人高估事件发生的风险。同样小说、电影、电视中虚构的故事也会令人印象深刻,而这些印象又会影响人的评判(Green et al,2002)。读者和观众越是全神贯注、情绪激动就越容易描述这些故事,这些故事对以后信念的影响也越大,如被浪漫爱情故事吸引的人,更容易记住影响其性态度和行为的语句、段落、情节(Diekman et al,2000)。

以上两种可得性偏差的存在可解释两个事实。

一是生动有趣的奇闻轶事往往比枯燥乏味的统计数据更易激起人的兴趣和关注,人容易相信故事而不相信数字。

二是人感知的风险与真实的风险差异很大(Allison et al,1992)。这可表现在两方面:①人对正向情绪的行为认为风险很低。如吸烟、乱用药物、无保护性行为,点滴效应(peanuts effect)加剧这种偏差,该效应指人易低估很小的损失,而无视这些损失的累积效应,如仅多吸一支烟不大可能致癌症,因此吸烟者一天中会反复屈服这类诱惑。这也是为何不健康食品广告常用正向情感诉求的方法,如充满快乐地活着、生活是美好的、快乐的食物等。②人对负向情绪的行为认为风险很高。在很多人记忆中飞机失事惨景更易回忆,因此以为坐飞机要比坐汽车更危险,特别是"911"后更是夸大了乘机风险,就如 Fischhoff(1975)研究表明,知道事故的结果,就会高估事故发生的概率。事后诸葛亮就是如此,事后归因往往夸大了事故发生的概率。统计分析表明,同等距离情况下,20世纪80年代美国汽车事故死亡率为飞机失事的26倍(美国联邦安全委员会,1991)。铁路运输也比公路运输安全很多,在美国铁路运输35亿千米死一人,比公路运输安全20倍。可见信息可得性偏差影响到人的旅行幸福感,如武昌到乌鲁木齐,长距离旅行不坐飞机坐高铁,费时费力又费钱。

反事实思维

信息可得性偏差还会影响人对负罪、遗憾、挫败和欣慰的体验。如果自己球队以一分之差输或赢了比赛(事实),就很容易想象出(信息可得性)另一种比赛没有出现的、相反的结果,因此也会感到更大的遗憾或欣慰。这种想象没有发生事件的思维就是反事实思维(counter-factual thinking)。在生活中的标准句式为:要是怎样……就好了!要是没有怎样……就好了!

反事实思维由事件的负向情绪激发,一旦出现反事实思维又会带来更多的负向情绪(如后悔),由此又会激发更强的反事实思维,如此步入一个恶性循环,最终结果轻则沮丧,重则抑郁。

反事实思维可解释奥运比赛中铜牌获得者比银牌获得者幸福,因为前者容易设想未得奖牌情景,后者容易设想获得金牌情景(Medvec et al,1995)。同理,学生在某个等级(如良)内得分越高(如 89 分),感觉也越糟糕(Medvec et al,1997),考 59 分的学生就比考 20 分的学生感觉更差;晚 1 分钟错过飞机者比晚 30 分钟者更痛苦。以上介绍只差一点的事例让人极不幸福。

反事实思维的强度与事实重要性相关,事实越重要,反事实思维强度就越大(Roese et al,1997),后悔也越大。因交通事故或疾病夺去亲人的人常会感到深深的悔恨(Davis et al,1995,1996)。

反事实思维可分为"上行反事实思维"和"下行反事实思维"。前者想象的状况比现实好,即往好里想。后者想象的状况比现实差,即往坏里想。商家常常利用下行反事实思维诱人上当。买家电时,卖家常会推销产品质量保险合同,说花个"小钱"买个保险可后顾无忧,万一电压波动烧坏,这点"小钱"就可派上大用场。当然下行反事实思维也可让人体验到幸运感。如果人刚刚逃过了一场灾难、交通事故,此时就很容易想象一种负向的反事实,如果事故发生了会怎样,由此会庆幸自己"好运气"。

反事实思维是人的本能,有利有弊。上行反事实思维可激励人以后做得更好,而下行反事实思维可增加人的欣慰感和满足感。显然,在两种思维之间保持平衡很必要,如此既可避免自己陷入不必要的痛苦,又能激励自己不断地改进。

2.4 锚定与调整启发法

锚定效应(anchoring effect)非常重要,几乎贯穿于行为经济学全部,从某种意义上讲,行为经济学就是一个广义的锚定论。

2.4.1 锚定效应

锚定效应指人做评判时经常是先给定一个基准,这个给定的基准就是锚定,然后在此基础上进行一定的调整,最后得出评判。Kahneman 和 Tversky 发现,这种做法往往导致认知偏差。原因在于:①最初的锚定可能与评判无关。标准经济学认为,理性人在评判时不会受到无关信息的影响。然而,锚定效应却表明人会受到无关信息的影响。②即使锚定与评判有关,但随后的调整远远不够充分。Kahneman 和 Tversky 的锚定效应实验证明这点。

实验一:"成员国数目实验"

二人请学生估计,非洲有百分之几的国家是联合国成员。在回答问题前,每个学生要先转一个标有 1~100 数字的转盘,转完后问学生估计的数字是低于还是高于转出数字,最后请学生说出估计值。结果令人惊讶,转出数字小于 10 的学生,其估计的百分比平均为 25%,而转出数字大于 65 的学生,其估计的百分比平均为 45%。

显然,学生非常清楚,转盘转出数字与多少非洲国家为联合国成员无关,然而,该数字还是对评判产生了很大影响。二人甚至认为,如果学生得出正确、精确的估计值可获得奖金,情况依旧如此。

实验二:"数字连乘实验"

Tversky 和 Kahneman(1974)在美国请了一组中学生,要求其在 5s 内估算下列升序连乘答案:
$$1\times2\times3\times4\times5\times6\times7\times8=?$$

由于时间限制,大多数学生不可能乘完所有数字,因此往往先快速将前几个数字相乘得出一个数字(锚定点),然后再根据锚定点估算(调整)答案。结果表明,学生估算的平均值为512,远偏离了正确的40 320。

后来,二人又请另外一组中学生,要求他们在同样时间内估算下列降序连乘答案:
$$8\times7\times6\times5\times4\times3\times2\times1=?$$

显然,两题答案完全相同,然而,这次学生估算的平均值为2250,虽说高于前一组学生,但还是远远偏离了正确答案。其实,结果完全在预料之中,降序和升序的前几个数字之积相差非常大,即锚定点相差非常大,因而最后估计结果相差也非常大。

由此可见,人评判事件时常受到锚定效应的影响,不同锚定点导致了不同的认知。这点有些类似于人依赖第一印象判断(锚定点),而依赖第一印象评判并不全面。

锚定点的决定与事件的代表性和可得性有关。如甲是一个害羞的人,请评判其职业是图书管理员而不是市场销售员的可能性有多大?大多数人认为甲更像图书管理员,因为害羞是图书管理员的代表性特征,而不是市场销售员的特征,这个代表性特征也就成了锚定点。然而,如此评判显然容易出现偏差。因为除考虑代表性特征外,还要考虑其他许多因素的影响,最主要的是两种职业在总人口中所占的比例。人在评判时会先回忆与过去相关的事件,相关事件就成了锚定点,然后再评判事件发生的概率。通常相关事件回忆的难易程度也确实与事件发生的概率正相关,然而还有其他因素影响到相关,如此就容易产生偏差。大量研究证明,在评价相对绩效时,人通常对最近信息给予更多权重。为了给员工的奖励、加薪、晋升提供依据,经理在评价相对绩效时,很容易过分看重最近绩效。最近情况是最先和最容易想到的,因而也就很容易成为一个锚定点,但如此显然存在偏差,前面的小数定律也说明了这点。

2.4.2 锚定效应运用

锚定效应在现实中大量存在,以下介绍几例。

1. 商业促销

人在评判时,在何处下锚非常重要,这在花言巧语的促销中表现得非常明显。

(1)多单位报价。商家花样百出的促销目的只有一个——激起顾客的购买欲,冲动就是利润,因此商家常采用锚定效应引诱消费者。手法就是采用多单位报价,如10元3斤或两件100元,而不采用单位报价,如此,锚定点不同消费者的购买数量也会不同。美国伊利诺伊州大学香槟分校的 Brian(2006)对此进行过研究。他在86家连锁超市中放置了两种价格标牌:

A. 原价99美分,优惠价75美分。

B. 原价99美分,优惠价2个1.5美元。

结果表明,B比A的销售要高出32%。由此表明,标价方式不同,锚定点也不同,从而销量也就不同。

(2)设置购买上限。此时顾客的购买数量就会锚定在这个购买上限。Brian 教授对美国食品商的实验证明了这点。他用该食品商销售的罐头做实验,结果表明,在质量和价格相同时,不同标价方式对购买数量的影响很大。具体表现为:没有购买上限时,平均每个顾客购买 3.3 瓶罐头;上限为 4 个时,平均每个顾客购买 3.5 瓶罐头;上限为 12 个时,平均每个顾客购买 7.0 瓶罐头。由此再次表明锚定效应对于销售的巨大作用。

(3)价格比较。设立一个高价锚,通过对比让顾客感到便宜。其做法就是在产品上印上厂家建议零售价,该价格不仅较高,而且事实上产品从来没有按该价销售过,实际售价远低于该价。然而,通过后者与前者对比可营造一个便宜的感觉。打折促销中,原价商品与打折商品相比,前者就构成后者的锚。商家还会运用同一产品的不同型号设定价格锚。普通型产品标价 300 美元,一段时间后商家又在该产品旁摆放售价为 500 美元的豪华型产品。有了高价锚,普通型就显得非常便宜。显然,尽管高价产品销量很小,但可增加看起来便宜但实际并不便宜的普通型产品销量。

以上促销手段表明:与标准经济学不同,不是消费者支付意愿影响价格,而是价格影响消费者支付意愿。消费者对价格的敏感性很大程度上受过去支付价格和保持决策连贯的影响,而非只受真实偏好和需求的影响。

当有人企图让你的认知发生偏差时,你的思维应具有批判性。知道了商家的促销手段,以后再去超市就不要理会各种充满诱惑的促销,而是按自己的实际需要购买。如果一边思量商家的促销伎俩一边购物,不仅可避免犯错,还可平添不少的购物乐趣。首尔大学经济学系的李俊求(2009)就认为:我一直坚持一个与幸福相关的理论——在琐碎的事情上获得快乐的能力才是幸福的捷径。

2. 价格谈判

当交易对象没有或缺乏替代品时就没有市场价,此时双方都拥有很大的议价空间,对此锚定效应可发挥很大的作用。如果能在议价空间中锚定一个有利的价格,则意味着成功了一半,因为对方的调整往往不充分。具体说:买家应先发制人,主动开出一个低价,越低越好,等待卖家调整;同样,卖家也应主动出击,开出一个高价,越高越好,等待买家调整。"漫天要价,就地还钱"就蕴含着锚定效应运用——锚定(出价)、调整(还价)。此法类似营销策略中的吃闭门羹技巧(door-in-the-face),即先提出一个让人无法接受的要求,然后再做出让步。

锚定效应不仅存在于市场交易之中,还存在于索赔、慈善捐赠、优惠政策谈判中。在可承受的范围内,要的越多,得的也越多。1994 年,美国一老年女顾客在麦当劳"驾车销售窗口"买咖啡时,自己不慎打翻热咖啡烫伤双腿。在告麦当劳的诉讼中,原告律师建议陪审员将麦当劳全球两天的咖啡营业额 270 万美元作为赔偿(锚定点)。结果陪审团判定其应付费用和惩罚性赔偿共 270 万美元,另加 16 万美元补偿。然而,法官认为该金额过高,将惩罚性赔偿降至 48 万美元,加上补偿金共 64 万美元,即使如此,也远高于此前类似烫伤赔偿案中的 23 万美元。

慈善机构募集资金时,会提供一系列选择:100 美元、300 美元、5000 美元。事实上,这些数字并非随意而为,而是会影响人的捐款数量。面对 100 美元、300 美元、5000 美元选择,人一定会比10美元、30美元、100美元选择捐的钱多。

3. 项目评估

锚定效应可影响项目失败率的评判。在决定自主创业时,要想成功就须保证每个环节都无问题,如要筹到足够的资金、找到合适的生产地点、雇到熟练的生产工人、有足够的市场需求……甚至还有风调雨顺,每一个环节稍有不慎就会满盘皆输。显然在环节很多的情况下即使每个环节的成功率都很高,失败率也会很高。假设一个创业项目包括了10个环节,每个环节的成功率都高达90%,整个创业的失败率也会高达65%。然而,人在评判创业失败率时,只会选择其中最重要或最具代表性的关键环节,将其失败率作为一个锚并重点关注,然后为保险起见再作些调整,问题是该调整远不充分,大大低估了整个项目各环节累积的总体失败风险,如此大多创业项目以失败告终就不足为奇了。

4. 社会调查

日常生活中,人们经常可从报纸、电视、网络等传播媒体上看到各种调查,对此,除要注意调查者"社会性偷工减料"外,还需要特别警惕其中存在的锚定效应,这可表现在以下方面。

(1)问题顺序。调查问题的顺序不同,锚定的基准不同,从而调查结论也不同。在美国,对于这个问题:"日本政府是否应对美国工业品在日本销售设限?"大多数人回答是否(Schuman et al,1983)。然而,当先问这个问题:"美国政府是否应对日本工业品在美国销售设限?"后再回答原来的问题,结果有2/3美国人给予了肯定回答。认为美国有权对日本产品设限的人,为了保持前后一致,也只好回答日本也有同样的权利。显然,前一个问题成了后一个问题的锚,回答时就难以摆脱这个锚的影响。与此类似,如果你希望人们选择某个选项,可将该选项排在最前面。很多人在回答问题时,并不一定会将所有选项看完后再做选择,而是先从前面看,当看到某个选项接近自己意见时,就做出选择(锚定),一般不会往后看了。

(2)选项数量。选项编制的数量不同,锚定基准的数量也不同,从而调查结论也不同。在英国,询问一些人:"你希望核能在英国能源中占多大比例?"结果为41%。而当询问另外一些人:"你希望多大比例的能源来自A.核能,B.煤炭,C.其他能源?"结果核能仅为21%(Plight et al,1987)。与此相似,在美国,对于这样一个问题:"你认为国家现今面临的最重要问题是什么?能源短缺、公共教育质量、堕胎合法化、污染,或者你也可填写你认为最重要的问题。"结果32%的人认为公共教育质量问题最严重。然而,如果只问:"你认为国家现今面临的最重要问题是什么?"结果只有1%的人认为是公共教育质量问题(Schuman et al,1987)。

(3)选项措辞。选项措辞不同,锚定基准也不同,从而调查结果也不同。调查提问中常常暗含着锚定的内容,由此可以诱导人们做出符合调查者意愿的回答。如"你对目前的教育制度有何看法?"与"你对目前问题严重的教育制度有何看法?"相比,显然回答会出现天壤之别。再者"禁止"与"不允许"表达意思基本相同,然而,在1940年,54%的美国人认为,应该"禁止"发表攻击民主的言论,但75%的美国人认为,应该"不允许"发表攻击民主的言论。调查中的不同措辞设置了不同的锚,如此人们自然也就被这个锚牵着鼻子走。另外,措辞明确与否也会影响选择。如在喜欢和不喜欢这种措辞明确的选项之间,加入有点、些许、不太、不怎么喜欢诸如此类的模糊选项,就会影响选择。当人们对于一个事物难以评价时,也就不愿意做出明确的回答,因而也就会选择模糊的选项。

在调查中,利用锚定效应设计不同的问题顺序、选项、措辞,如此就可操纵调查结果。在美国,政客、咨询师、顾问、医生就常常设置有利于自己的锚定基准,对人们的决策、判断施加影响。

2.4.3 锚定效应与幸福感

锚定效应中锚定的点不同,人的感受也不同。人会有意或无意进行各种比较,选择的比较对象就是一个锚定点,如果现在状态比过去状态(锚定点)好,或自己的状态比他人(锚定点)好,就体验到幸福,反之就会感受到痛苦。Strack 等(1988)的研究表明,人的评判很易被所问的问题锚定,结果极大地影响幸福感。他们将被试大学生分为两组,然后分别询问两组被试。

第一组学生:上个月约会几次?幸福感如何?
第二组学生:你现在幸福感如何?上个月约会几次?

显然,两组学生面对的问题相同,仅是顺序相反,但结果却表明,第一组约会次数与幸福感间的相关系数为 0.66;而第二组的几近为 0。由此证明,第一组学生对幸福感的评判以约会次数为锚,不知不觉中以这个锚作为评判幸福感的依据。

无独有偶,Ariely 等(2000)的研究也表明,事先问的问题会形成一个锚,进而对人的快乐体验产生强烈影响。他在一次管理心理学讲座时做过一个实验,告诉学生将在星期五晚上举办诗歌朗诵会,朗诵惠特曼《草叶集》中的短、中、长篇诗歌各一首。由于会场空间有限,门票需要拍卖。然后分别询问:

问一组学生是否愿意支付 10 美元听我 10 分钟的朗诵?
问另一组学生我支付 10 美元是否愿意听我 10 分钟的朗诵?

结果对第一个问题,学生愿意支付 1 美元听短诗、2 美元听中等诗、3 美元听长诗;对于第二个问题,学生要求得到 1 美元 30 分听短诗、2 美元 70 分听中等诗、4 美元 80 分听长诗。两组学生都认为,时间越长,支付或赚取的金额也越高。由此表明,学生根本没有考虑听诗朗诵本身是愉悦还是乏味,只是以被问问题作为随后回答问题的依据,被问问题成为了随后回答问题的一个锚。由此表明,锚定效应对人的幸福感影响——不看内容看表面。交友时,只重人的外表不重心灵也是同样。

显然,幸福与否受锚定点的影响,如此为了生活幸福,就要避免受锚定效应影响的非理性行为,为此要质疑一再重复的行为:首先,习惯或认知是怎么开始的?其次,自己从中能获得多少快乐?再次,这一快乐是否如同预期一样大?最后,如果涉及花钱,就要考虑是否降低一些预算以便用在别处?

3 前景理论

标准经济学的风险决策模型源于期望效用理论,该模型假设了一系列公理,理性选择需满足这些公理。与此不同,行为经济学的风险决策模型是前景(prospects)理论。前景理论是行为经济学的基石,其有两大支柱:一是损失厌恶;二是收益和损失发生的概率决定人的风险态度。

3.1 风险决策过程

前景意为可能的结果,风险决策都涉及结果和概率。前景 $q=(x_1,p_1,\cdots,x_n,p_n)$ 中,x_i 为结果,p_i 为概率,如前景 A:50%获得 100,50%获得 0,其可表示为 A:(100,0.5)。Kahneman 等(1979)认为,风险条件下的决策分为两个阶段,即编辑(editing)、评判(evaluation)。

3.1.1 编辑阶段

编辑的目的是简化前景以便评价。其间,直觉推断发挥着重要的作用。

编辑阶段包括编码(coding)、合并、分解、删除、简化 5 个环节。

(1)编码。参考点决定收益或损失,参考点选择及收益和损失编码受前景表达方式和预期的影响。

(2)合并。将具有相同结果的概率相加,如将(100,0.10;100,0.10)编码为(100,0.20)。

(3)分解。从有风险的前景中分离出无风险的前景,如(100,0.10;200,0.20)编码成确定收益 35 和风险收益(100,0.15)两部分。

(4)删除。将不同前景中的相同部分忽略或删除,如对(100,0.10;200,0.20;300,0.70)和(100,0.20;200,0.10;300,0.70),可将其中的 0.7 概率获得 300 收益删除。

(5)简化。通过凑整结果或概率的方式简化前景,如前景(101,0.49)可编码为(100,0.50)。

3.1.2 评判阶段

评判阶段就是对编辑的前景进行评判,选出价值最高的前景。根据前景理论,经过编辑的前景总价值为 V,用尺度 v 和 π 度量。v 度量结果 x 的主观价值 $v(x)$,每个结果都有价值函数 $v(x)$,结果 x 的定义以参考点为基准。π 与概率 p 构成权重函数 $\pi(p)$,权重函数度量 p 对全部价值的影响。在评判阶段,价值函数 $v(x)$ 和权重函数 $\pi(p)$ 两个概念非常重要。

3.2 价值函数

在前景理论中,对结果的主观感受称为价值,这种主观价值可用价值函数表示。

3.2.1 价值函数形状和特性

前景理论的价值函数与标准经济学的效用函数不同,价值函数是收益或损失的函数而非财富的函数。主观价值表现为财富变化而非财富最终状态,财富变化取决偏离参考点多少。在下式中:

$$V = \sum_{i=1}^{n} v(x_i)\pi(p_i)$$

式中,$v(x)$表示主观感受的价值,$\pi(p)$表示决策权重。

价值函数曲线如图 3-1 所示,曲线呈 S 形,与参考点(reference point)、损失厌恶(loss aversion)和边际敏感度递减(diminishing marginal sensitivity)心理有关。

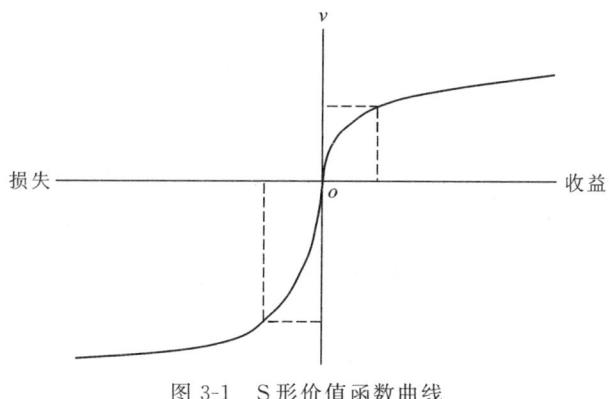

图 3-1 S 形价值函数曲线

1. 参考点

人对收益和损失的感受(也即主观价值)v由参考点决定,在图 3-1 中,价值函数中收益或损失及其数量,二者都由横轴向右或向左偏离参考点及其偏移多少决定,收益或损失的主观价值v的高低由纵轴向上或向下偏离参考点多少决定。当说到收益或损失以及数量、主观价值时都是相对的,而非绝对的。

2. 损失厌恶

S 形曲线还反映出人对收益和损失的敏感度不同。第一象限收益区域为凹函数,第三象限损失区域为凸函数,说明收益变化率小于损失变化率。由此反映出人的一个极其普遍心理——损失厌恶,即收益或损失数量相同时人对损失更敏感。早在 1759 年斯密的《道德情操论》中就有损失厌恶的思想:当人从较好处境下降到较差处境感到的痛苦,要大于从较差处境上升到较好处境感到的快乐。尽管如此,Kahneman 和 Tversky 对该心理还做了更深入、广泛的研究。

价值函数曲线还体现出反射效应(reflection effect)，Kahneman 和 Tversky 的实验证明了该效应。在一个有 95 位被试参与的实验中，二人考察了被试对收益前景和损失前景的态度。

收益前景 A：(4000,0.8)与(3000)。

损失前景 B：(-4000,0.8)与(-3000)。

以上前景中你愿意选择哪一个？结果表明：在 A 中 80% 被试选择了第二个前景，即 3000 确定收益；而在 B 中，92% 被试选择了第一个前景，即(-4000,0.8)不确定损失。结果证明了反射效应的存在——面对确定收益和不确定收益时，人选择前者，由此反映出风险厌恶；而面对确定损失和不确定损失选择时，人又选择后者，由此反映出风险偏好。人对收益和损失的风险偏好正好相反，这就是反射效应。

3. 边际敏感度递减规律

边际敏感度递减规律意为随着收益或损失的增加，人的感受是递减的。体现在图 3-1 所示的曲线上，纵轴上人感受的价值随横轴上收益或损失的增加而递减。价值感受的递减性有其进化意义。进化心理学认为，对生物体来说，生存和繁衍的关键是相对变化而非绝对变化。如当人感到饥饿时相对于没有或非常少的肉来说，1kg 肉价值极大但 10kg 肉价值就不大了。边际敏感度递减规律常主宰人的感知，然而，在价值函数的损失区域规律也有例外，当面对极大损失，大到可导致倾家荡产或致命的后果时，人就会呈现出风险厌恶，如攀登世界第二高峰乔戈里峰，4 人登山 3 人下山，大多数人是不会从事这种冒险的。如此说来，损失和风险的关系要分为两种情况：当面对极大损失时厌恶风险；当面对一般损失时又偏好风险。

3.2.2 主观价值评判

根据前景理论，主观价值评判与前述的参考点、损失厌恶、边际敏感度递减三者密切相关。

1. 参照依赖

参照依赖指人对收益和损失及数量的评判由参考点决定。面对加薪 1000 元感觉如何？如果你未预期到会加薪，1000 元就是收益，自然高兴。但如果之前你多次被告知要加薪 10 000 元，现在却只加 1000 元，感觉就是失去 9000 元，自然是痛苦。客观上两种情形加薪数量完全相同，但心理感受却完全不同，由此可见参考点的重要。

由于参考点是人主观选择的，因此参考点和价值评判都是主观的。如人对亮度、响度、长度或温度等刺激因素做出反应时，过去和现在的环境会形成参考点，感受到的刺激大小与这个参考点相关。心理学中有一个非常著名的实验，证明了生物体参考点的存在。实验中，被试将一只手放入冷水，另一只手放入热水，过会儿再将双手放入温水。结果原先放入冷水的手感觉热，原先放入热水的手感觉冷。显然，被试双手有着不同的参考点，如此使得面对同一温度人的感觉也会不同，如进空调房后感觉凉爽，但出来会感觉比进之前更热，尽管温度相同。同样,面对春天的气温 25℃ 与秋天的气温 25℃,人的感觉也会完全不同。

参考点的作用与两个生物学机制有关——内稳态(homeostasis)和协同稳态(allostasis)。内稳态原理认为:生物体内各系统会形成一个最佳稳定点,偏离稳定点就会引发一个负反馈过程回复到稳定点。生物体内温度、血糖水平和电解质平衡就是如此。协同稳态是由 Sterling 和 Eyer(1988)提出的,意为保持在健康范围内的变量会随着环境变化而变化。心跳速度、血压和荷尔蒙水平就属此类变量。Wilson 等(2003)认为:幸福感也属此类变量。

参考点除生物感知外,很多是由人选择的。Mazumdar 等(2005)指出参考点的形成取决 3 个方面:一是个人预期;二是个人期望;三是社会规范。

(1)预期决定损益。学生考前根据自身实际情况预期可得 95 分(参考点),然而,结果只得 90 分,尽管该分还是很高,但少得 5 分是损失。相反,经济萧条时厂商预亏 500 万元,结果实亏 30 万元,少亏 470 万元是收益。一般来说,好事超过预期是收益,未达预期是损失;坏事超过预期是损失,未达预期是收益。

(2)期望决定损益。年薪 60 万是幸福还是痛苦? 若打拼目标是 40 万,当然沉浸在幸福之中;但若奋斗目标是 100 万,则会陷入痛苦之中。显然,收益和损失都与期望设定的目标(参考点)有关。对此 Kahneman 和 Tversky 提出了一个特别的警告:我们可改变参考点操控人的决策。美国大选中,竞选者常会降低公众对自己的期望,提高公众对对手的期望,以此影响投票并提高自己的地位。

(3)社会规范决定损益。公平和公正标准可构成评判的参考点,付出很多得到高薪本应高兴,但发现他人付出仅为你一半得到却相同,不公平感油然而生,此时高薪也是损失。

2. 损失厌恶

损失厌恶是行为经济学家提出的最为统一的理论,具有非常强的解释力,极为重要。

1)损失厌恶心理

如果你得到一个东西但马上又失去了,尽管状况只是回到原点,但先得后失还是让人感觉变差了。损失厌恶表明人对损失很敏感,这种心理表现非常多,总体来说就是坏的比好的影响大。俄国作家陀思妥耶夫斯基说:"人喜欢数他们的烦恼却不喜欢计算他们的幸福。"同样,一位网球明星曾说:"我对失败的愤恨要大于我对获胜的喜爱。"格莱美奖获得者 Matthews 更是说:"如果有 60 000 人都说喜欢我的演出,而正好 1 人经过时说很糟,那么后者才是我注意的评价。"人关注批评而非褒扬表明人不喜欢损失,Baumeister 等(2001)称这些只是冰山的一角:在日常生活中,坏事比好事对人的影响更大,也更持久。

• 破坏性行为对亲密关系的伤害程度,比建设性行为对亲密关系的促进作用更大。如冷酷刻薄的言辞要比甜言蜜语的表白影响时间更长。

• 坏心情比好心情对思维和记忆的影响更大。即使天性乐观,也难忘过去引起不良情绪的事情。对此外科医生艾伯特就认为,幸福就是拥有健康而又糟糕的记忆。

• 表达消极情绪的词语比表达积极情绪的多,若要求人回忆表达情绪的词语,更易想起消极词语。

• 坏事比好事的影响更持久。如强奸产生的伤害,即使无比幸福浪漫的经历也无法弥补。

- 坏事比好事更能引起人的注意和思考。如超市选购商品时,人会更多地关注商品的缺点而非优点。
- 恶劣家庭环境对智力的影响远大于良好家庭环境对智力的影响。尽管明智的父母让不聪明孩子变聪明十分困难,但差劲的父母扼杀孩子的聪明才智却是轻而易举。
- 得到一个坏名声比获得一个好名声更容易,而且更难摆脱。此乃"好事不出门,坏事传千里"。
- 糟糕身体对幸福感的影响远大于健康身体的。如疼痛产生的痛苦远远大于舒服带来的快乐。

损失厌恶让人对坏事关注更多,这是一种心理本能,其可让人做好准备,应对各种危险,保护自己远离死伤。进化心理学认为,人对危险高度警觉可赢得更大的生存和繁衍机会。Pliner(1997)认为:尽管收益可改善人的生存和繁衍前景,但巨大的损失却能让人彻底出局。穿越沙漠时,得到1加仑①水让人感到更加舒服,但损失1加仑水则让人遭遇灭顶之灾。医学之父希波克拉底曾言:"我们一定要培养两种习惯——帮助和至少不要伤害别人。"后一习惯就说明人对损失的敏感。政客、媒体、医生、社会科学家也知道人的损失厌恶本能,都有夸大危险的激励,都以发现问题谋生,结果也间接引起了人过多地关注坏事。恐惧情绪也会加剧损失厌恶心理,这点可在制定公共政策时加以利用。在控烟政策中,香烟警示标识就是利用该心理设计的。

2)损失厌恶程度

损失厌恶心理表明,人遭受损失的权重要比得到等量收益的权重更大。掷硬币时若规定出现正面时的收益与出现反面时的损失相等,人不会参与该赌博。由此可见:人厌恶的并非风险本身,当人认为合适时也会赌一把,然而,如果说人厌恶的不是风险,那么厌恶又是什么呢?实际上人的动机主要是规避损失,即厌恶风险的背后实际上是厌恶损失。同收益相比,损失要显得更加突出,损失的心理感受要更加强烈。

一个重要的问题是,人的损失厌恶会厌恶到什么程度?这显然涉及一个程度确定的定量分析问题。Kahneman 和 Tversky 在 1992 年《前景理论的进展》一文中指出,与快乐相比,人更看重损失的痛苦,两者差异的中位数是 2.25,即面对相等收益和损失,损失产生的负效用是收益正效用的 2.25 倍,这就是大体的损失厌恶程度或损失厌恶系数。后面的禀赋效应实验中,得出的损失厌恶系数也与此大致相当。现实中,损失厌恶系数在需求弹性的非对称性中得到证明,Putler(1992)对于鸡蛋和 Hardie(1993)对于橙汁的价格变化研究中,都证明了这种非对称性,其中 Hardie 得出的损失厌恶系数为 2.4。

3)损失厌恶与风险

行为经济学中最重要的发现之一,就是人面对收益和损失决策时表现出不对称性。反射效应表明人的偏好并非具有一致性,而是做收益决策时厌恶风险,做损失决策时又偏好风险。

人都会厌恶风险损失,常人都知道无商不富,自己创业比打工赚得多,但还是倾向为别人打工,赚取稳定的工资,原因就是风险太大。同样,律师通常愿放弃一定收入接受庭外调解,

---

① 1加仑(英)=3.785 412L。

而不愿庭上打官司,也是因为存在胜诉收益往往不能弥补诉讼成本的风险(Shavell,1982)。规避损失的典型句式就是生活中人们常说,万一怎么,怎么。当然,人对损失的厌恶也非无限度。在成功与失败并存的情况下,如果收益比损失大到一定程度,人对损失的敏感性就会下降,进而敢于承担风险追求收益,也就是说人厌恶损失只是收益诱惑不够大,在足够大的情况下人也会铤而走险。于博彩方面表现在,预期收益很低时常人不会买彩票,预期收益增多买彩票者就会增大。在美国,当彩票累积的奖金数额急剧增加时,也是购买人数急速上升之时,此时彩票经销商常会借助广告,以不断累积的巨额奖金作为诱饵,为人编织一夜暴富的梦想,诱导人们蜂拥购买。

4)损失厌恶与幸福感

损失厌恶心理表明:人的痛苦感需要 2 倍多的幸福感才能完全对冲。因此给人的一个最大启示在于,减少痛苦远比增加幸福重要。由此说明人可以不幸福但不能痛苦。感到失望比希望实现更痛苦,所以英国诗人 Pope 说过,不抱有期望的人有福了,因为他从来不会失望。道理就在于没有期望达到的幸福,也就没有期望落空的痛苦。此话尽管有些消极,但如果将一个大期望分解成若干个容易实现的小期望,然后,一个个地实现,其结果可能比抱有一个大但不现实的期望要幸福。如制订 1 个月减重 1.8kg 的目标就比 1 年减掉 21.6kg 的目标更容易实现。

Kahneman 在中国面对《经济观察报》的提问:"根据盖勒普调查,中国人从 1999 年到 2010 年人均收入增加两倍,幸福感却丝毫没有增加。你怎么看这个问题?"对此,他运用损失厌恶心理进行了解释。他说:"这是一个很正常的结果。经济迅速发展会产生获胜者和失败者,而失败者所遭受的损失会超出获胜者的收益,所以平均来看,整体情况不变甚至恶化。"显然,少数人获胜,大多数人失败,结果社会的净幸福感为负。

损失厌恶也说明社会福利对幸福感的影响巨大。心理学揭示影响人风险直觉的因素有 4 种:①害怕人类历史上都害怕的东西,如蛇、蜥蜴和蜘蛛;②害怕自己不能控制的事,如患病、失业、遭灾;③害怕立即发生的事,如坐飞机;④害怕最易从记忆中浮现的事,如失恋。其中害怕自己不能控制的事就说明风险对于国民幸福感影响极大,由此也说明让所有人同舟共济的社会福利极为重要。

在人的生命周期中充满不确定性所致的风险,包括患病、失业、养老(老年人医疗费支出具有很大的不确定性)、事故和灾害,这些不确定性风险极易造成人身和财产的巨大损失,让其陷入贫困。Ryan(1976)指出,贫困主要是个人自身无法控制的环境因素造成的。以上风险损失造成的痛苦表现在两个方面:一是物质方面,风险损失实际发生造成的贫困让人感受到负体验效用;二是心理方面,对风险损失可能发生而焦虑、恐惧让人感受到负期待效用。

(1)物质损失所致的负体验效用。从物质方面说,发生风险损失极易让人陷入贫困,感受到负体验效用,这可表现在很多方面。

首先是患病。患病既影响人寿命又影响生活质量。患病很易直接或间接导致贫困,表现为:①巨额医疗费所致的直接损失。现代社会存在的 Baumol 成本病(Baumol's cost disease)致使医疗费上升比经济增长快,这对人的打击是毁灭性的,迫使人负债、变卖资产甚至住房而直接陷入贫困,而放弃治疗又会造成健康状况恶化;②收入减少所致的间接损失。患病容易损害人的劳动能力,甚至让人丧失劳动能力,二者将使患者遭受巨大的收入损失,研究表明,英国人身体残疾造成的收入损失巨大。臂、腿、手、脚、背或颈部疾病造成的收入损失达77.7%。因此对人的基本生活会造成严重影响。

其次是失业。人遭遇与自身原因无关的失业,如周期性、结构性、季节性以及部分摩擦性失业等,也会陷入贫困。Ellwood(1988)认为,贫困的一个重要原因就是没有工作。对大多数人来说,失去工作的痛苦非常大。但有工作人并不一定感到幸福。按 Jevons(1871)的观点,劳动是一种痛苦的努力,同样依 Kahneman(2004)对得克萨斯 909 位妇女的调查,在 16 种活动中,上班、通勤和做家务被视为最不幸福的 3 种活动。然而,众多研究表明无工作肯定非常痛苦。Holmes(1967)有关生活事件紧张感指数研究表明,失业排在配偶死亡、入狱后,成为第三大令人紧张的事件。而 Clark 和 Oswald(1994)对英国的研究同样表明:失业产生的痛苦多于任何单一因素,包括离婚和分居。Goldsmith 等(1996)研究表明,与就业者相比,失业者的精神和心理健康状况更差。Ruhm(2000)的研究就表明,在 1972—1991 年间,美国失业率上升 1%,自杀率也增加 1.3%。

最后是年老。年老是任何人无法避免的,老年人很容易陷入贫困,原因在于:与在职相比,退休后收入大幅减少;与中壮年相比,年老体弱又会导致医药费支出大幅增加,这一增一减极易让老年人陷入贫困。如此老年人很容易陷入贫困的痛苦。

另外,天有不测风云,人有旦夕祸福,事故和自然灾害也会造成极大的损失,让人陷入难以自拔的贫困。这种损失包括人身、财产损失,这些损失让人极其痛苦,如意外事故造成的身体伤害残疾,遭灾所致的流离失所,天灾引起的农业减产、绝产等。

(2)精神焦虑所致的负期待效用。从心理方面看,生活中仅仅是对患病、失业、养老、事故和灾害等风险损失可能发生的焦虑和恐惧,就让人感受到负期待效用。人都希望世界确定和可预测,因为人生活在一个不确定、不可预测的世界中,没有安全感让人感到焦虑的痛苦(Lerner,1978)。由此可知,如果人深受患病、失业、养老、事故和灾害等问题困扰,即使经济增长和衣食无忧仍然感到痛苦。Easterlin(2017)以转型国家为例说明缺乏社会保障的痛苦,一些国家在转型过程中生活满意度急剧下降,原因就是尽管原计划经济效率很低,但其提供了对生活满意度极其重要的保障,包括工作保障、儿童保育、健康保险及老年赡养等。这些保障可对冲物质生活水平不高的负向影响,加之收入差距小,结果净幸福感为正。

要消除人对失业、患病、贫困、养老、事故和灾害等问题的担心,就需要国家在"尽义务要权利"的前提下,提供高水平的社会福利,这是北欧国家的做法和经验。"尽义务要权利"或"工作首位"说明社会保障是一种"工作福利",并非免费午餐,更非政府施舍,而是公民通过辛勤工作,享受自己创造的财富。这种先创造财富再享受社会福利的制度,并不存在福利依赖症和养懒汉问题,绝不能以此为借口,拒绝提供象征人类进步、与人均税收相适应的社会福利。北欧国家提供从子宫到坟墓的社会福利,减少或消除失业、疾病、贫困、养老、事故和灾害等问题对人生活的负向影响,从而极大地增进了国民幸福感,幸福感长期在世界名列前茅。北欧国家的经验值得世界所有国家学习。

(3)边际敏感度递减。依据前景理论,价值度量采用的是一种相对度量,为此首先要确定一个参照点,然后度量与参照点的差别,人是如何感知这种差别变化的呢?大多数人都无法区分出 100W 与 101W 照明亮度的差别,这种差别要达到多大人才能觉察出来呢?

18 世纪德国心理学家 Weber 对此进行过研究。结果发现,人可觉察到质量的最小差别——最小可觉差与比较的质量成正比。如果感受到了 10g 与 11g 可觉差,那么质量是 1000g 时要感受到同样的可觉差,质量就需增加到 1100g。后来,其学生 Fechner 在此基础上提出了著名的 Fechner 定理:当外界刺激量呈几何级数增长时,人的内心感觉却只呈现出算数级数增长,即随着刺激量增加,人感知到的增加很少。二者的成果被合称为"韦伯-费希纳定理"。行为经济学借鉴该定理提出了"边际敏感度递减规律",意为随着收益或损失增加,增加的价值递减。据此可知:分散练习比集中练习效果好,每天练习 1 小时比一周一次 7 小时效果更好。人不仅对物质享受的敏感度递减,对精神享受也如此,如婚恋。

即使美妙的爱情也会出现边际敏感度递减。心理学家将爱情分为激情之爱和伴侣之爱,短期激情之爱就存在边际敏感度递减。浪漫爱情的高潮最多也就持续几个月或一两年,从来没有一种情感的高峰能持续一生。喜剧演员 Lewis(1988)诙谐道:"如果你正处在恋爱中,那你一生中最绚丽多彩的时间也就两天半。"那种新鲜感、眩晕感、激动人心的浪漫,那种对恋人强烈的迷恋,那种犹如云天漂浮的快感,迟早会消失在岁月之中。然而,二人世界却是当局者迷,如萧伯纳所言:"当二人沉浸在最疯狂、最虚妄、最短暂的激情中时总会对爱人发誓,自己的一生都将保持在这种兴奋、不寻常、令人精疲力竭的状态中,直到死亡将其分开。"由此表明,无视边际敏感度递减,就会对未来认知存在严重偏差。研究表明,结婚两年夫妻报告的情感体验比新婚少大半(Huston et al,1994)。世界范围内结婚四年后的离婚率都是最高的(Fisher,1994)。

如果亲密情感经历了时间考验,就会成为一种稳固而温馨的爱情,哈特菲尔德称之为伴侣之爱。这是一种深沉的情感依恋,呈现出一种平和、稳定的状态,可持续一生。伴侣之爱可能很平淡、枯燥、乏味,没有云天漂浮的眩晕感,但却最真实、最普遍、最自然,犹如文人所言,当你觉得生活乏味的时候,正是你对生活缺乏理解的时候。身处非洲卡拉哈里沙漠中的游牧民族妇女 Nisa 说:"两人刚开始在一起的时候,心像在燃烧,而后爱火冷却,并一直维持这个状态。二人继续彼此相爱,但这种相爱是通过温馨而相互依赖的方式实现的(Shostak,1981)。"

Myers(2005)指出,浪漫爱情产生和消退的趋势,与人对咖啡、酒精以及其他药物的成瘾方式相似。最初人对这些东西会产生一个体验高峰,然而,随着不断重复使用,人的抗药性也随之产生。曾经带来很大刺激的用量现在变得效果甚微,此时停药又会产生强烈的戒断反应(withdrawal symptom),如难受、抑郁、厌烦。同样在炽热的爱恋后,激情会逐渐冷却、消退。那些失恋和离异的人感到,虽然对伊人失去了强烈的爱恋,但当真正分离后,生活又会如此空虚寂寞。过分关注那些已经不存在的东西,如渴望爱火,容易让人忽视自己仍然拥有的东西(Carlson et al,1992)。

激情之爱冷却后,人就会感到幻想破灭。现今离婚率的大幅增加,原因之一就是人越来越多地强调积极、强烈的情绪体验在生活中的重要性,如浪漫爱情,而在边际敏感度递减作用下这些体验又难以长久。其实,相互迷恋强烈情感的衰减,可能是物种生存的策略。激情之爱的结果是双方有了爱情结晶,而为了孩子双方就不能像以前那样只关注彼此(Kentick et al,1987)。然而,对于结婚超过 20 年的夫妻,随着孩子成人独立生活,家庭会进入"空巢"期,一些曾经失去的浪漫感觉又会重回,夫妻又可重新关注彼此(Hatfield et al,1986)。所以马克·吐温说过:"没有一个人真正理解爱情,除非婚姻维持了四分之一世纪后。"也如西方谚语所云:当你懂得人生的时候,人生也已过了一半。如果一段感情曾经是亲密的,并且是相互回报,那么伴侣之爱就会根植于人生共同体验的风雨历程之中,弥久醇香。

显然,人在享受美好爱情的时候,如果能意识到边际敏感度递减,则有利于减少双方的失落和相互埋怨、指责,更好地面对自然、真实、平淡的生活。

3.3 加权决策

Laplace 指出,生活中大部分问题都是概率问题。在一个不确定条件下决策,人需考虑两个问题,即结果价值和结果发生概率。概率可分为客观概率和主观概率。客观概率是统计分析得出的概率,主观概率是人脑对客观概率的修正。由于主观概率与客观概率并不相符,由此出现概率估计偏差。

3.3.1 概率估计偏差

人在决策时会在脑中推断事件发生的概率,这种主观推断是对客观概率进行修正,表现为施加一个权重。概率加权是对线性客观概率函数修正后的非线性函数——权重函数。根据该函数人既可是风险规避也可是风险偏好,这种风险倾向与收益或损失、事件发生概率有关,见图 3-2。

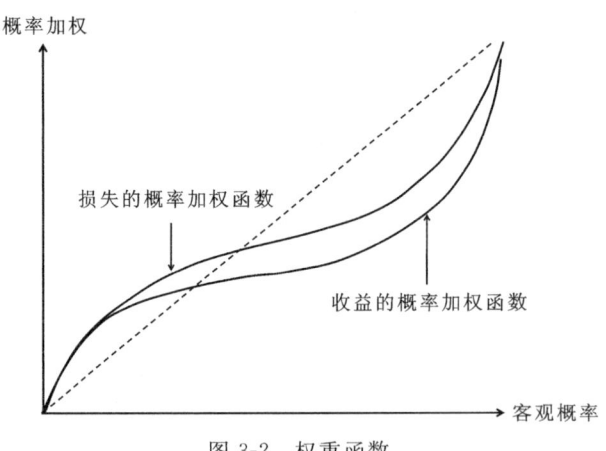

图 3-2 权重函数

图中斜率 45°虚线表示客观概率,两条实线分别表示收益和损失的概率加权函数。标准经济学认为,人决策时的概率是客观的,概率 1/8 就是 1/8,概率函数也是线性的。但依权重函数并非如此,人会基于记忆、经验和期望对客观概率进行修正得出主观概率。图 3-2 中主观概率围绕客观概率上下波动,实线左侧凸起意味着主观概率高于客观概率;实线右侧凹陷意味着主观概率低于客观概率。客观概率与主观概率的交点意味两者相等。此点在收益时为 0.339，损失时为 0.376，两者约以 0.35 为界。

当权重函数低于 0.35 时，主观概率大于客观概率，由此说明人高估了收益和损失的概率，特别是高估了损失的概率，因此面对收益时表现为风险偏好，面对损失时表现为风险厌恶；当权重函数高于 0.35 时，主观概率小于客观概率，由此说明人低估了收益和损失的概率，特别是低估了收益的概率，因此面对收益时表现为风险厌恶，面对损失时表现为风险偏好。当客观概率接近 0 或 1 时，主观概率呈极端。在 0 附近主观概率远大于客观概率，在 1 附近主观概率远小于客观概率。以上收益和损失、概率与风险态度的组合关系可概括如表 3-1 所示。

表 3-1 概率与风险态度

	低概率	中高概率
收益情形	风险偏好	风险厌恶
损失情形	风险厌恶	风险偏好

主观概率与客观概率不一致表明：人对事件发生概率所知甚少，特别是对罕见事件概率。与客观概率相比，人往往会系统性地高估或低估概率，即概率估计偏差，这种情况在生活中经常发生。

一个经历过地震的人，一定比从媒体上看到地震的人更易高估地震发生的概率。地震发生的客观概率可谓微不足道，然而，地震后购买地震保险者却大量增加(Palm et al, 1990)。1989 年 10 月 17 日旧金山湾区发生大地震，由于保险公司面临巨额赔偿，很多人以为这将对保险公司的业绩产生严重的负面影响。然而，令人意外的是，地震后保险公司股价不跌反涨，原因是地震后人对地震保险的需求大增。大量新闻报道让人误认为地震发生风险增大，进而购买保险避免损失。事实上地震释放了对断层的压力，地震风险实际是下降的。人在地震风险下降时购买保险，结果保险公司在赔偿了地震损失后仍有余额，而且保险需求增加并不限于旧金山，整个国家的地震保险需求都大增，包括极少发生地震的地区。由此表明，人很容易受记忆可得性的影响，高估地震发生的概率。

在中国，大多数非法传销人挣钱很少，甚至是非常少。然而，依然有人从事传销，这些人看重的是有很小机会升入组织上层挣大钱，这就是给予了小概率事件过高的权重。此理也可解释模特、演员、钢琴演奏家、CEO 等的雄心壮志。尽管这些人从事行业的成功率极低，但还是有人愿意一搏，"人生能有几回搏"意味着赋予了成功概率过高的权重。与此相似，赌客赌马时也会高估小概率事件，其下注常呈非理性，普通马下注过多，优质马下注过少，这种倾向也被称为"冷门偏差"，反映出赌客希望爆冷门获得高额回报。

经济学家在概率估计方面也会犯错。进行宏观经济预测时，虽然预测短期变化精度不高但还基本准确，然而，预测几个月后的准确性就非常差，因为其往往倾向夸大经济继续沿着当前路径运行的概率。

与上述情景相反，生活中，人也常低估大概率的有害事件，如人常低估心脏病、癌症的死亡率(Pidegen et al, 1992)，吸烟就是如此。研究表明，与不吸烟者相比，吸烟者因为肺癌死亡的风险,男性高4.8倍,女性高3.9倍;食道癌男性高3.4倍,女性高1.9倍;胰腺癌男性高1.6倍,女性高1.8倍。吸烟所致死亡的风险极高,吸一支烟会减少12min寿命——正好等于吸一支烟花费的时间(Myers,2003)。烟草业造成的死亡相当于每天14架满载的大型喷气客机坠毁。然而,众多烟民看到这些数字后,仍然无动于衷,自认为不会成为倒霉鬼,由此正好说明其低估了一个大概率事件。

3.3.2 概率估计偏差原因

以上介绍表明人不善于评估概率,结果经常出现偏差,对此进化心理学提供了解释。

1. 为何人不善于评估概率,特别是那些罕见事件的概率?

如果人面临事件进化中从未发生过的事件,就很难估计其概率,反之经常发生且风险很高的事件,如死于怀孕、暴力冲突,人就会高估事件发生的概率(Glassner,1999)。

2. 为何人对待收益是风险厌恶,对待损失又是风险偏好呢?

对该问题的回答得益于对动物的研究。动物一般为风险厌恶,表现在动物争夺雌性、食物和地盘等收益时,首先是炫耀实力,此举风险不大,并不会危及双方生命,但如果此招无效,随后就会升级为武力争斗,此时风险大增,其间非势均力敌一方就会退出竞争。由此就应验了这样一句格言:"打得赢则打,打不赢则跑,活着是为了择日再战"。

3. 为何概率极小时对收益有时又是风险偏好的呢?

这个问题的回答也可回到动物以及神经学研究。Platt等(2005)对猕猴的研究证明:猕猴和人类一样喜欢冒险。尽管前景的预期值相同,猕猴还是愿要数量不确定的果汁奖赏,而不要数量确定的。"猴子好像感受到获大奖的快感,尽管获奖过程经历很多损失,但大奖会抹去所有关于损失的记忆。"

以上进化心理学的解释也可以说明两点:一是幸福对于生物进化适应自然非常重要,Wilkinson就认为,自然选择将人脑设计成一个最大化生物适应性(biological fitness)系统,引起的快乐行为可增加生物适应性,痛苦行为则会降低生物适应性,也即幸福的人更易适应环境,更易生存下来。二是人的非理性心理很多是进化而来,人天生就有非理性心理,并非如经济学家假设的那般完全理性,这种本能所致的非理性有时很难改变,这可在下面的框架效应中得到再次证明。

3.4 框架效应

框架效应(frame)指在不确定情形下,同一事件由于表述不同,人的选择也不同。不同表述形成不同框架,面对一个类似画框的选择框架,人的思维很难突破这个框架(锚定),犹如观看绘画,人的思维及注意力往往集中在画框中,很难思考画框外的东西。Kahneman和Tversky(1981)的实验证明了框架效应和偏好逆转(preference reversal)的存在。

假想美国正准备应对一种罕见亚洲病,预计该病爆发将导致600人死亡。现有两种应对方案可供选择,各方案后果估算如下。

情景1 对第1组被试($N=152$)叙述情景如下:

A方案,200人存活(72%)。

B方案,1/3机会600人存活,2/3机会无人存活(28%)。

情景2 对第2组被试($N=155$)叙述情景如下:

C方案,400人死亡(22%)。

D方案,1/3机会无人死亡,2/3机会600人死亡(78%)。

由上可知情景1和情景2中的方案意思相同,只是表述不同。然而正是这种不同设定了不同框架,情景1中被试把存活看作收益,情景2中被试把死亡看作损失。面对收益人会规避风险,面临损失会追求风险。因此在第1种情景中表现为风险厌恶,第2种情景中则表现为风险偏好。

事实相同但表述不同会对人的评判产生很大的影响。听到班上有65%的人作弊,比听到有35%的人没有作弊更令人气愤(Levin et al,1992)。若说避孕套预防艾滋病有95%的成功率,10个大学生有9人认为有效;若说避孕套预防艾滋病有5%的失败率,10个大学生仅有4人认为有效(Linville et al,1992)。

知道了框架效应就可理解为何证据相同人的选择却不同? Dunegan(1996)的实验证明了这点:假设你是陪审团成员,要确定一家广告公司因欺骗而需处以的罚款金额。现有正反两面表述(框架):

A. 有20%的可能该公司不知道广告具有欺骗性。

B. 有80%的可能公司知道广告具有欺骗性。

结果表明,看到A框架的被试建议罚款平均数为40 153美元,而看到B框架的被试建议罚款平均数为78 968美元。

与此类似,2007年美联社报道称,爱尔兰人克拉克在限速100km/h(62mp/h)的公路上以180km/h行驶时被抓,其可能被吊销驾照,但法官却减轻了惩罚,理由是用km/h描述显得数字很高,但如果用mp/h描述则没那么高。显然法官的判决取决于克拉克的速度是按km/h还是按mp/h表述。

如果对损益的认知依赖于框架,他人就会以其想要的方式构建框架。当竞选时,竞争对手会让自己构建的框架在选民中流行。甲说:"我信仰坚持已经成功的政策。"乙还击:"他害怕新的思想。"甲又说:"那个政策将带来经济增长。"乙又反击:"那个政策将造成环境损害。"事实上二人的说法都不错,对于选民来说,哪个框架引人注目,很大程度上或许与个人经历有关(Vaughan Seifert,1992)。

框架效应也揭示出人们往往重名不重实。Kahneman(1986)的实验表明,人会觉得通胀为0时削减2%的工资,比通胀率为4%时工资上涨2%更令人反感。此处名义不同但实际相同,而人却只看到收入增加,未看到物价上涨,这就是宏观经济学中的"货币幻觉"。然而,传统经济学却否认该幻觉的存在,Tobin(1972)就言:"经济学家绝不会比提出货币幻觉这样假定更加罪孽深重。"

由于框架效应涉及心理操控,因此为了摆脱框架效应的影响,在选择时既要考虑正面(收益)框架,也要考虑负面(损失)框架。如汽车推销员会将所有东西作为收益框架,如78%的车第一年不需修理!对此你需转换成损失框架,22%的车第一年需要修理,以此避免框架效应的影响。

1. 现状偏好和默认选项偏好

由于人具有图方便、怕麻烦和损失厌恶心理,据此框架效应还可分为两种:现状偏好和默认选项偏好。

现状偏好指人由于图方便、怕麻烦和失败造成损失,因而不喜欢改变事物的原始状态。很多人的手机和电脑使用默认设置(此为初始值效应)就是现状偏好所为。

波士顿大学的Samuelson和哈佛大学的Zeckhauser(1988)提出了现状偏好(status quo bias)。二人研究发现,面对哈佛大学增补的一项卫生保健计划,尽管学校允许老教工转入新计划,但学校大多老教工仍选择原计划,尽管新计划费率更低,看病花费更少,但大多数人还是愿付出更高的保费而不愿做出改变。究其实质,还是人损失厌恶心理作祟,因为改变会带来一些损失,从而促使人固守现状。由此可理解为何有人说:维持现状是节约的天敌。不仅是面对卫生保健计划,面对复杂的电信资费套餐也是如此。如果人的损失厌恶心理过强,比起追求成功来更倾向规避失败,结果就不愿努力而选择维持现状。

默认选项偏好指人喜欢比较但又怕麻烦而不喜欢复杂的比较,结果就默认给定的选项。标准经济学假定人具有明确和一致的偏好,但人面临多种选择时可能偏好还未形成,如此选择就会受到问题表述的影响。默认选项可为决策提供一个锚定点,进而影响选择。生活中常有人利用默认选项偏好操纵人。如开会时常听主持人说:"这个方案有没有人反对,如果没有人反对就通过了。"参会者一般不会反对。这就是利用默认选项偏好操纵结果。可以设想,如果主持人说:"这个方案有没有人支持,如果无人支持就不通过了。"同样由于怕麻烦而选择默认,其结果却是不通过。同样,在美国,许多餐馆食品的默认选项是大份,顾客想要小份需主动提出,但几乎无人提出。当然,在决定分量大小时,顾客也可能会认为餐馆提供的分量就是应吃食物的数量。

默认选项偏好之所以有效,一是因为维持默认选项通常比改变默认状态更容易;二是因为改变默认状态需要理由,而不改变不需理由,因此如果没有充分的理由改变,人就很可能选择默认选项;三是因为默认值可理解为一种正常或推荐的信号。

政府可运用默认选项偏好增进社会福利。退休储蓄计划对退休后的生活幸福影响很大,但由于各种原因很多人并未参与计划。研究表明,当公司明确要求员工参加退休储蓄计划时,大多数员工不会参与,但如果采用自动扣款方式,结果有80%的人参与了计划。器官坏死的病人若能得到可移植器官就能存活,然而,世界各国都面临着器官供给严重不足问题。为此政府可采用政策——脑死亡者未明确反对愿捐赠器官就视为愿意,如此可极大地缓解器官供给问题。Johnson等研究发现,不同国家的器官捐赠数量与默认选项设定关系密切。在美国、丹麦、英国和德国,只有明确表示愿捐赠器官才会成为捐赠者,这些国家的器官捐赠比例不到28%,在丹麦只有5%。而在澳大利亚、奥地利、比利时、法国、匈牙利、波兰、葡萄牙和瑞典,只要没有明确反对自然就成为捐赠者,除瑞典为 85% 外,这些国家的比例都大于 98%。

2. 框架效应与幸福感

框架效应表明这样一个道理:你若想人接受你的表述,就应表述为收益框架,相反就应表述为损失框架。生活中人需注意表达的艺术,不在乎你说什么而在乎你怎么说。此道是,拐弯抹角者事竟成。缘由是,差之毫厘失之千里。

一天,苏丹做了个梦,梦见自己牙全掉光,很是着急,于是就差人去请解梦者。第一个解梦者听了梦后说:"天呀,不得了! 掉牙齿说明您将目睹全家成员死亡。"听毕苏丹怒不可遏,下令鞭挞其 50 鞭。第二个解梦者听了梦后说,苏丹要交好运:"你将比你整个宗族还要长寿!"听毕苏丹心情大好,下令管家奖给其 50 枚金币。途中管家不解问第二个解梦者:"你的解释与第一个并无区别呀?""没错。"这位睿智的解梦者答道:"不过请注意一点,重要的不在于你说的内容,在于你说的方式。"显然,死亡是损失框架,长寿是收益框架。由此可见,表达方式多么重要,直接决定了是福还是祸。

一次年轻僧侣询问,自己能否在祈祷时抽烟,结果被断然否决。后来朋友给他提了个建议:你可尝试换种问法,我能在抽烟时祈祷吗? 显然,前者是损失框架,祈祷时抽烟是需严厉禁止的亵渎行为,而后者是收益框架,抽烟还不忘祈祷是值得大力提倡的虔诚行为。

设置的框架不同,结果就不一样。人在宾馆退房时,前台服务员常说:请你等一下,服务员要检查房间是否有东西遗失。如此这般防人不免让人产生些许不快,如果服务员换种方式说:请您等一下,服务员要看您是否有东西遗失在房间。如此这般就让人更易接受。

人非常看重自由感和自我效能感,如果面临巨大压力以至于威胁到自由感时,人就会奋起反抗,这是人之本能,并非一定符合理性。如罗密欧与朱丽叶的悲剧,两个家族对立反而加深了彼此的爱情。又如处于青春叛逆期的子女,他们常常做出与更年期父母要求相反的行为,以此证明自己的自由和独立。因此,对于年轻人的叛逆,聪明的父母往往不是下命令,而是设置一个收益框架,让孩子易于接受,如"吃饭的时间到了,你是吃干饭还是稀粥?"而不是"快点,该吃饭了"这种令人讨厌的命令式口气。

由于损失厌恶心理的存在,如果提供一个含有收益的选择框架,则既有利于人接受自己的意图,又有利于达到自己的目的。通俗地说就是,人们都喜欢听好话,因此人际交往也要尽量找好话说,千万不要固执地以为"忠言逆耳利于行",让人难受的忠言如何利于行? 事实上,刺耳的忠言还不如不说,因为效果会适得其反,伤人还可能伤己。因此即使是忠言最好也要注意表达方式,重话也要轻说,如此言者、闻者都会更幸福一些。

4 心理账户

心理账户(mental account)理论由芝加哥大学 Thaler 教授(1980)提出,该理论非常重要,同锚定效应和前景理论一起并称行为经济学三大理论基石,Thaler 也被认为是行为经济学的创始人之一,并于 2017 年获得诺贝尔奖。

4.1 心理账户

同前景理论一样,心理账户也是针对标准经济学不能解释的异象,其也借用了一些前景理论的基本观点。心理账户理论分析的范围非常广泛,其有助于理解人的收支决定过程,也有助于增进人的幸福感。

4.1.1 心理账户预算

账户是记录和核算收支的,企业有会计核算的账簿,家庭有生活收支的账本,这些都是有形的。然而,还有一种无形的心理账户不为人知。心理账户是关于收支归类以便自我控制和简化决策的理论。对收支进行归类有两个好处:一是有助于自我控制。由于生活所需产品类别很多,每类产品的满足都需分配收入,因此建立不同产品和收入类别的账户,通过收支计划保证账户的独立性和稳定性,可有效控制支出,如本周外出就餐的预算已经用完,那么就必须等到下周外出就餐的预算。二是有助于简化决策。由于人在决策时很难同时考虑全部收支,因此通过分类可缩小考虑范围,便于资金在不同用途间比较和权衡,如最近 3 个月储蓄是用来度假呢?还是用来购买一台电脑呢?这点不像标准经济学将所有收支放在一起综合考虑,得出最优消费束。按收支类别建立心理账户表明,人的决策是基于类别零散进行的,而非综合的,结果自然也是非最优的。

Kahneman 和 Tversky(1981)的"演出实验"证明了心理账户的存在和作用。

A. 你准备去剧院观看演出,演出票价为 10 美元,然而,当到达剧院时,却发现丢了 10 美元钞票,此时你是否还会购票观看演出($n=183$)?

B. 你准备去剧院观看演出,带上 10 美元买的门票,然而,当到达剧院时,却发现门票丢了,此时你是否还会购票观看演出($n=200$)?

结果表明:在情形 A 中,有 88% 的被试选择购票,而在情形 B 中,却只有 46% 的被试选择购票。为何在两种损失等价的情况下人的选择不同?原因在于:在情形 A 中人将丢失的 10 美元(不知何账户)与买票的 10 美元(娱乐账户)分别核算,情形 B 中人将丢失的 10 美元票与再次买票的10美元归入同一个账户核算,如此觉得花20美元看演出"太贵"。显然,实验结果与标准经济学不同,后者认为,无论丢钱还是票,只要损失相同选择就应相同。然而,心理账户的存在却让人对待这两种情形的态度不同。以上实验还可修改一下,若情形A中丢的不是10美元而是10美元购物卡(消费账户)或健身卡(运动账户),你会购票观看吗?

Heath(1996)的实验也证明了心理账户的影响。其询问了3组被试。第一组被试:在花50美元买比赛门票后,是否还愿买演出门票?问第二组被试:在得到一张比赛赠票后,是否还愿买演出门票?问第三组被试:在花50美元接种流感疫苗后,是否还愿买演出门票?按照标准经济学,理性人决策应考虑观看演出的成本和收益,而非过去的支付。然而,实验结果表明:与得到赠票和接种过疫苗的被试比,花50美元买了门票者更不可能去看演出,因为两者都是出自娱乐账户。

以上实验结果与标准经济学不同,后者认为资金与资金可替代,一个账户消费过度可动用另一个账户的资金。然而,心理账户实验表明,人习惯将资金归入不同账户,这种无形账户存在于人的大脑中,管理和控制着人的消费行为,表现在:该花什么资金,花多少资金,如何分配资金等。一旦编制预算就会出现消费壁垒,不同账户间的资金就缺乏流动性,资金与资金也就不可替代。若一个账户资金用完,即使其他账户还有资金也不会动用,如此可保持账户的独立性和稳定性,避免紧张、焦虑和不安的痛苦,也可控制支出和简化支出决策。

4.1.2 心理账户设置

由于人在决策时很难同时考虑全部收支,因此为了缩小考虑问题的范围,可通过分类设置心理账户分开决策。心理账户设置受物品类别和收入的影响,这可从支出和收入两方面看。

从支出方面来看,可按不同类别的支出设置心理账户,如衣、食、娱、学费、结婚、养老、按揭等,每个账户中的资金专款专用。由于不同类别的产品对价格的敏感度不同,一件产品日常账户支出时觉得贵,但在礼物账户支出就觉得不贵。因此,对送礼的人来说,其对礼物的价格敏感度低。Thaler发现,送礼时,送奢侈品或享乐品要比送同等价值的实用品或现金更受欢迎,即送他人不舍得买的礼物。

从收入方面来看,可依据收入特点设置心理账户。

其一,依据收入计划设置。加州理工大学Camerer(1997)的研究证明了这点。出租车司机可自由安排工作时间,其收入受天气影响,晴天生意差雨天生意好。如果你是出租车司机,是愿晴天多工作还是雨天多工作?按照标准经济学观点,由于同样一小时雨天比晴天收入高,因此晴天生意差应早收工,雨天生意好则应晚收工。然而,事实正好相反。司机为每月得到一个大致固定的收入,会制订一个日收入计划,即设定一个心理账户——每天赚500美元,完成计划就收工,因此晴天生意差晚收工,雨天生意好又早收工。司机也知道,雨天多干1小时晴天可少干2小时,但由于心理账户的作用,完成日收入计划就收工,使得今天的收入与明天的收入难以替代。纽约出租车的例子表明人并非总是理性。

其二,依据收入来源设置。一般人的收入来源主要是工资,但有时也会有一些其他收入来源,如投资赚的钱、赌博赢的钱、中奖得的钱等。这些不同来源的钱也会归入不同的收入账户,如工资账户、奖金账户、血汗钱账户、意外所得等。心理账户与标准经济学不同,后者认为资金与资金可替代,不管什么收入来源对消费没有影响。然而,事实上收入来源会影响消费。收入来源不同消费倾向和风险偏好也不同。典型的就是,与工资相比,退税、奖金、博彩赢钱、投资赚钱等的消费倾向更高。

Thaler 等(1990)根据对 MBA 学生中进行的赌博实验,提出了赌场赢利效应(house money effect)。赌客常将本钱放一个口袋,赢的钱放另一个口袋。赌客运用赢的钱时往往表现出风险偏好——反正是赢的钱,输掉无所谓。可真输掉后又会反事实思维,要是刚才赢了不玩多好呀。当亏损时,面对概率和预期收益都一般的情况,赌客常表现为风险厌恶。当存在保本机会时,面对小概率和高收益的情况,赌客常又呈现风险偏好。赌场赢利效应表明,人会按收入划分心理账户,赌博赢的钱与工作挣的血汗钱在消费倾向和风险偏好方面存在差异。赌博赢的钱消费阔绰和敢于冒险,而血汗钱消费则非常节俭和格外谨慎。赌场附近开有大量的奢侈品商店,目的就是为了满足赢钱的赌徒一掷千金。实际上,不仅是赌博的钱如此,凡是意外所得到的钱,如退税、减税、中奖、继承……都有类似赌场赢利效应。

预期收入纳入预算,放入特定账户,用来购买特定产品。意外收入会放入意外账户,该账户本就不存在钱,即使花光也只是回到原状态,不会当作损失。因此该账户主要用来满足冲动或轻率型消费,这在退税方面表现非常明显。美国国税局将每年退税时间安排在 6、7 月份,此时正值一年旅游旺季,在收到国税局退税支票后,原本无旅游计划者或原本舍不得旅游者都会享受美好的度假时光,待到旅游归来又可心情愉快地投入到紧张的工作中。很快到了 12 月下旬又开始发年终奖,人又会大肆购买和享受一番,这就是美国的圣诞销售季,其间销售额占了商家 1 年销售总额中的 1/3。

其三,依据收入数量设置。人常将大笔钱归入谨慎、预防的储蓄账户,将小笔钱归入机动、随意的零花钱账户。以色列经济学家 Landsberger(1966)研究证明了这种心理。"二战"后以色列人收到德国政府赔款,然而,每个人获得的赔款数量并不同,有人相当于年收入的 2/3,有人只相当于年收入的 7%。获得赔偿多者 1 元消费 0.23 元,储蓄 0.77 元。而获得赔偿少者 1 元消费 2 元,多消费的 1 元动用储蓄。由此表明,人会依不同收入数量划分不同心理账户,钱多归入储蓄账户,少则归入零花钱账户。

由于零花钱账户中的小钱花起来随意,这点常被商家和政府利用。汽车推销员在推销时总是提到"日供",让人觉得便宜。电信厂商营销时,常说每天花费仅 1 元而非说每年花费 365 元。与此相反,出于公共健康考虑,政府的控烟广告会说,每年吸烟花费 3650 元,而不说每天吸烟花费 10 元。

4.1.3 心理账户与幸福感

心理账户对幸福感的影响很大,这可从其预算和设置两方面来看。

1. 心理账户预算与幸福感

尽管保持账户的独立性和稳定性有利于控制支出,增加生活的计划性和稳定性,避免入不敷出导致的紧张、焦虑和不安,但如此账户间的资金就不能流动,由此又会导致消费过度或消费不足,影响效用最大化。预算充足产品的每元边际效用(即幸福价格比,简称幸价比)可能会低于预算不足产品的每元边际效用,结果资金与资金不可替代会影响总效用增加,如在运动账户资金有余但饮酒账户资金不足的情形下,即使此时饮酒可实现效用最大化,但也会花更多的资金用于运动而非享受美酒,即使非常渴望享受美酒也是如此。

显然,过于注重账户独立性和稳定性,这种刻板、机械的生活会让人失去不少乐趣,一个理性的人应让资金在不同账户中流动,如一个账户资金不足,可暂时动用其他账户资金,在保持各个账户大致比例不变或实际总支出不超过计划总支出的情形下,只要喜欢又买得起,且产品的每元边际效用很高,就该购买,避免机械地保持账户独立性和稳定性而使生活刻板、无趣,如此净幸福感也会更高。

2. 心理账户设置与幸福感

Thaler 教授运用身边事例说明了心理账户对幸福感的影响。他有位金融学教授同事,其总为生活中的意外开销烦恼,如超速驾车需交罚款、亲朋好友困难需救济、生活用品损坏需维修、亲朋好友结婚需送礼等,尽管这些花费每次金额不多,但积少成多烦恼不少。对此该怎么办呢?教授想了个妙法:专门建立一个慈善账户,打算每年为慈善事业捐赠 3 万美元,如遇到意外开销就从此账户支出。结果年底时发现,此账户还有余额可捐赠。如此这般,教授既做了慈善,又不再为意外开销烦恼了,生活也就幸福多了。

此例说明:为免受意外支出烦恼,可设置一个特定的心理账户,将钱存入其中。由该账户支出各种不喜欢的意外支出,如罚款、礼金、修理费等,如此就可避免不必要的烦恼。如果年底有结余,还可收获一个小小的意外惊喜。

4.2 心理账户核算

心理账户理论融合了预算、账户、价值函数、损失厌恶、参考点、交易效用、消费效用等各种概念。

4.2.1 价值函数

前面介绍的价值函数在心理账户理论中也是一个核心概念。价值函数表明:①收益或损失决定及数量是相对参考点而言的;②人对同等收益与损失的感受不对称;③对收益或损失增加的感受是递减的。价值函数具有的相对性、不对称性和递减性特征,对心理账户的运算规则也会产生影响:

(1) 从相对性看,参考点不同,人的感受、评判也不同。一个人的痛苦与否取决于参考点。十分痛苦降至八分痛苦,心里感受到的是幸福。安全或危险与否也依赖参考点,六分危险的手术就比八分危险的安全。

(2) 从不对称性看,相同的结果如果表述为损失或收益,人的风险偏好也不同,原因在于损失厌恶。医疗支出中,听医生说有"40%的存活率"就比听到有"60%的死亡率"更可能接受手术(Rothman et al,1997)。1994 年,美国肉制品联盟会员否定了新食品商标法,因为该法要求牛肉馅中标注"含有30%的脂肪",而非"含有70%的瘦肉,30%的脂肪"。尽管两者意思相同,但前者突出了脂肪的坏处。

(3)从递减性看,按标准经济学的等边际原理,资金与时间是可替代的,理性人会用最优方式分配时间资源——从事各种活动最后1min所带来的边际价值相等,然而,事实却并非如此。如你打算购买手表,知道有家店价格为20美元而你的朋友告诉你,走20分钟的路有家店同款手表价格只卖15美元,那你会到稍远的店去买吗?又如你打算买手机,知道有家店价格为2000美元。而你的朋友告诉你,走20分钟的路程有家店同款手机价格只卖1995美元,那你又会到稍远的店去买吗?Thaler发现,第一个问题大多人回答"是";第二个问题大多人回答"否"。显然,尽管在20美元和2000美元的基础上增加的收益相同,但人的感受却不同,由此说明敏感度呈现递减。

4.2.2 收益与损失编码

Thaler根据价值函数特征,对同一账户中收益与损失编码和偏好做了进一步分析,一般规则为:

(1)分开收益。原因是收益函数为凹函数及边际敏感度递减。如果两次收益为正,分开价值为$v(x)+v(y)$,合并价值为$v(x+y)$,则$v(x)+v(y)>v(x+y)$。Thaler指出:"你可问这样一个问题——一人在两场赌局中赢50美元和25美元,一人在一场赌局中赢75美元,二者中谁更幸福?"标准经济学认为两种结果应是无差异的,然而64%的人认为赢了两场赌局者更幸福。显然,分开评价收益的心理体验更好,人也更偏好于此。

(2)合并损失。原因是损失函数为凸函数及边际敏感度递减。如果两次收益为负,则$v(-x)+v(-y)<v(-x-y)$,如此合并评价损失的心理体验更好,人也更偏好于此。

(3)合并很大收益与较小损失。原因是损失厌恶,合并可减少损失产生的痛苦感。若收益为x,损失为$-y$,且$x-y>0$,通过价值函数曲线可看出$v(x)+v(-y)<v(x-y)$。因此合并评价的心理体验更好,人也更偏好于此。

(4)分开很大损失与较小收益。原因是边际敏感度递减,分开可减少损失产生的痛苦。若收益为x,损失为$-y$,且$x-y<0$,通过价值函数曲线,则可看出$v(x-y)<v(x)+v(-y)$。因此分开评价的心理体验要更好,人也更偏好于此。

以上规则也被称为"快乐痛苦四原则"。有意运用该规则可增加幸福或减少痛苦,具体如下:

(1)好事要分开。在生活送礼中,若送两件礼物给心爱的人,如一条项链和一枚钻戒,显然,与合并赠送相比,分开赠送的心理体验更好,对方沉浸在甜蜜之中的时间会更长。

(2)坏事要合并。生活中如遇到两件不快之事应合并,此谓长痛不如短痛。由此也可理解朋友欢聚享受美食时,何以轮流做东比AA制更能增进幸福感?在付钱数量既定情形下,轮流做东可减少付钱次数,体会到多次吃"免费午餐"和与朋友相聚叠加的幸福。

(3)大好事小坏事要合并。如博彩中奖100万但须缴纳20%的税,你告诉自己赢80万,而非赢100万后又失去20万,这样你会感觉更幸福。

(4)大坏事小好事要分开。遭受大损失时得到一笔小收益,小收益可视作一丝希望,将两者分开可减少些许损失的痛苦。此可解释出售轿车、住房及其他较昂贵的东西时,为何有时会采取返现让利。与轿车直接标价 27 000 美元相比,标价 28 000 美元返现 1000 美元顾客更愿购买,二者分开时,1000 美元小收益可抵消 28 000 美元大损失中的些许。同理在用人单位的求职拒绝信中,人们经常会听到"对你应聘表现印象深刻"之类的赞美语,其原因就是用人单位希望这种善意的谎言减少求职者的一些失落。

4.2.3 禀赋效应

Ariely 认为,人有三大非理性心理:禀赋效应、损失厌恶、误以为他人看待交易的角度与己相同,说明禀赋效应非常重要。人对损失更加敏感的心理也被 Thaler(1980)称为禀赋效应。禀赋效应(endowment effect)或称拥有效用,意为人不愿意放弃其拥有的东西。显然,禀赋效应表明了所有权和损失厌恶的密切关系,由于放弃拥有意味着损失,因此就需给予补偿。

Thaler 的马克杯实验证明了禀赋效应的存在。被试是加拿大的大学生,其将学生分为两组。

第 1 组:Thaler 准备了几十个马克杯,每个杯上都印有校名和校徽,该杯学校超市价格为 5 元。在将杯子拿到教室前,他将杯上的价格标签撕掉。Thaler 到课堂后,让学生仔细端详杯子,然后问学生愿花多少钱购买杯子,给出的价格区间为 0.5~9.5 元。

第 2 组:Thaler 随后来到另一课堂,送给每个学生同样的杯子。过一会儿他说:由于学校今天组织开会,杯子不够用需回收一些,让学生写出愿出售杯子的价格。同样,给出的价格区间为 0.5~9.5 元。

结果表明:第 1 组学生愿购买杯子的平均价格为 3 元;第 2 组学生愿出售杯子的平均价格为 7 元,远高于 3 元,这与前述的损失厌恶系数 2.25 大致相当。由此反映出此理——评价东西的价值受到是否拥有的影响,拥有者比未拥有者评价更高。人往往不愿意放弃已拥有的东西,拥有就能产生效用,即禀赋效应。

为何会有禀赋效应?是人高估了拥有东西的价值还是失去拥有会产生痛苦?实验给出了答案。

首先让学生对 6 种赠品的吸引力排序,其中包括钢笔和巧克力,大多数学生将巧克力排在钢笔之前。然后一半学生(每位)获得不太有吸引力的赠品——一支钢笔,另一半学生(每位)可选择一支钢笔或两块巧克力。结果只有 24% 学生选择了钢笔。接着继续实验,如果先前获得钢笔的学生愿意将钢笔换成巧克力,结果有 56% 学生未将钢笔换成巧克力。由此表明:禀赋效应中含有损失厌恶的心理。人似乎并没有高估拥有东西的价值,更多的是受放弃东西痛苦的影响,失去拥有意味着损失,由于损失厌恶心理,因此不愿放弃已拥有的东西。该效应表明,失去一件东西的痛苦大于拥有这件东西的幸福。禀赋效应中的损失厌恶更多的是一种精神损失,因此失去所有权导致的精神痛苦需精神损失费补偿。

当人拥有的东西是自用且缺乏替代品时,禀赋效应最高或者说肯定要发生,很多东西都蕴藏着特定的历史,如礼物、纪念品等,这些专属于个人的记忆都铭刻在物品上,这些承载着记忆的物品看似与普通东西并无区别,但实际上差别很大,所以人才会高估自己拥有的物品。如某项已经结束事件留下的券(如 NBA 决赛门票、出席奥斯卡颁奖典礼门票)、有限供给的打猎执照、艺术品以及优美风景等,这些东西可给人留下美好的回忆。

生活中常可见到禀赋效应,人遇到割舍不下的情形时就意味着禀赋效应,其标准句式为舍不得……人都有这种经历,用过的东西不会再用了还是舍不得丢,如不再穿的衣服、不合适的鞋子、不能转的电扇、不出声的收音机。尽管这些东西属于生活的鸡肋,但拥有就有效用,丢弃仍是损失。

1. 禀赋效应与交易

禀赋效应与交易关系密切,是否具有禀赋效应及其大小都影响到成交。

(1)促销。营造"虚拟所有权"是广告业的伎俩。我若拥有了豪车、名表……就会……事实上,商家设的圈套人还喜欢往里钻,在一无所有时就将自己当成所有者了——虚拟所有者。如试用、免费退货。知道了试用、免费退货和广告中蕴含的禀赋效应,再购物时就要考虑自己的购买是否受到禀赋效应的影响。试问:如果没有试用和免费退货是否依然会购买?

(2)二手货交易。由于二手货交易中禀赋效应较大,常使交易难以达成。二手货多是用过且不会再用的东西,按理说卖方要价不会很高。然而,禀赋效应表明出售就会有损失造成的痛苦,因而卖方的要价包括两部分:一是成本和利润,二是对禀赋效应的回报——弥补失去造成的精神痛苦。就卖方来说,禀赋效应使卖方的要价不会很低;就买方来说,购买二手货主要是图便宜,因而出价不会很高。由此买卖也就往往难以一拍即合。

2. 难量的禀赋效应

并非只有物质所有权存在禀赋效应,许多难以量化的东西都存在,如观念、看法等认知方面。

曾有 12 对外国夫妇到中国福利院领养孩子,院长将每对夫妇分别领进一个房间,然后再给每对夫妇抱来一个女孩。第二天这些夫妇见面时都称赞院长的智慧:院长善解人意,似乎知道自己想要哪个女孩。事实上,让这些夫妇感觉完美的并非是院长的才能,而是人的本性,人会对自己拥有的一切产生依恋——所有权依恋。自己的孩子比别人的好,好在哪里?反正只要是自己的就好。

长期占有的禀赋效应可通过附着的情感或消费技能来解释。当今,人不仅要有房住,而且对居住环境也有要求。好的环境当然是有山有水,有花有草,交易交通便利……对于居住环境这种东西难以量化,但禀赋效应很大,给居住环境进行价值评估时,往往会出现"高"估的情况,此是城市拆迁为何纠纷不断的一个原因——无视人的禀赋效应,刻板地按固定公式计算补偿显然不合理。

禀赋效应在精神方面的一个非常典型的例子就是健康。李四打张三,张三找公安,那么李四不仅需要支付张三医疗费,还要支付误工损失、精神抚慰金。在这种损害赔偿的案件中,受害人张三经常会提出"天价"赔偿,这是有其原因的。人的健康难以计价,人将健康看得非常重。因此在强烈的禀赋效应下受害人感受的痛苦,远大于加害人的想象,因而也易索取远超加害人愿支付的价格,结果常被误认为"狮子大开口",其实加害人作为受害人要求赔偿时,何尝又不是如此呢?

知道了禀赋效应，青年男女就应明白此理——切莫因孤寂难耐而恋爱。出于孤寂谈恋爱，一旦开始交往，寂寞消除，就易产生禀赋效应，分别时就会难舍难分，这倒并非一往情深，而是因为分别又会孤寂。最后为摆脱孤寂痛苦结成的婚姻，将来很可能不欢而散。虽说二人世界中男女都会存在禀赋效应，不过男女还是有别。热恋中的女性更倾向报告自己体验到的愉悦和"无忧的眩晕感"，犹如"云天飘浮"。而且女性比男性更加注重友谊中的亲密感，更关心自己的伴侣。男性则比女性更易想到恋爱中嬉戏及性(Hendrick，1995)。不仅如此，男性还比女性更易坠入情网(Dion，1985；Peplau et al，1985)，男性更难从一段爱情的体验中解脱出来，这似乎表明恋爱中的男性禀赋效应更大。

人一旦拥有了自己的观念——政治、社会、文化等方面，就会过度热爱和依恋，珍视的程度会超过其价值，失去了就会感到不舒服。由此最后就会转化为一种意识形态——僵化、顽固的意识形态。

所有权依恋改变了人看问题的角度，回到没有所有权状态就会感到受损失。那么如何避免所有权依恋症？——用非拥有心态看待事物，与自己感兴趣的东西拉开距离，对世间万物尽量保持平常心。

4.3 心理账户决策

标准经济学认为，消费获得的效用减去支付价格为净效用。而 Thaler 认为，购买产品可得到两种效用：获得效用(acquisition utility)和交易效用(transaction utility)。本节从以下几个方面叙述。

4.3.1 交易效用

获得效用与消费有关，与标准经济学中的消费者剩余概念相同。交易效用与购买有关，是人从购买中感受到的价值，这种价值为参考价格与实际支付的价格之差，参考价格则为正常情况下人购买所愿接受的价格，这种价格与消费无关，由购买环境、习惯决定。如一瓶啤酒摆在大酒店和小商店中，由于环境不同，人愿接受的价格也不同，即两者的参考价格不同，正常情况下大酒店的参考价格高于小商店。交易效用表明，实际购买价格低于参考价格，就可获得交易效用。反之实际购买价格高于参考价格，就产生负交易效用。

Thaler 认为交易效用对人交易的影响非常大，注重交易效用会让人非理性，这可表现在两方面。

其一，引起过度购买。人们常受到商家促销诱惑购买"打折品"，此时相对于获得效用而言，交易效用占据了主导地位，购买仅是觉得便宜，如此带来的心理满足就是交易效用，而且打折力度越大，获得的交易效用也越多。美国人逛街购物时间为世界之冠，平均一周逛一次购物中心。调查表明：高达93％的少女最喜欢的消遣就是逛街。与此不同，男性、职业女性则认为逛街很麻烦。很多女性并不缺衣少鞋，逛街的目的就是找寻打折品，由此可体验到一种难言的购物快乐，这种快乐就是交易效用。然而，狂热购买后又会发现这些打折物品极少用到。精明的商家常强调产品现在价格与平时价格（扮演了参考价格的角色）相比如何优惠，巧妙操纵优惠的表述框架,以便扩大销量。这种策略在服装、小家电、健身俱乐部会员卡销售中常见(Wilkinson,2003)。过分注重交易效用就会片面看重折扣,从而不理性,因小失大,浪费钱财。

其二,降低幸福感。注重交易效用会让人忽视产品适用性,进而买时快活用时烦恼。奚恺元教授的买被实验证明了这点。

夫妇二人打算购买双人床被御寒,市场上有3种档次的床被:普通床被400元、豪华床被500元、超大豪华床被650元。二人认为豪华床被各方面正合适。可到商场后却发现,商场正打折促销,所有档次床被一律300元,此时该买哪个档次的床被呢?原打算购买豪华床被,但看到促销价后就想,既然价格一样何不买折扣最大的超大豪华床被呢?于是图便宜心理使其购买了折扣最大的超大豪华床被,而非最适合的豪华床被。买后没高兴几天发现,超大豪华床被使用很不方便,二人很是后悔当初的选择。

按照标准经济学的理论,人在购买时应选择每元边际效用大的产品,然而,情况表明并非如此。3种被子价格一样,而豪华床被又最合适,意味着豪华床被每元边际效用最高,理应购买豪华床被,但却买了折扣最大的超大豪华床被。由此说明人忽视产品适用性会降低消费时的幸福感。

注重交易效用还会让人不买该买的产品,进而减少幸福感。Thaler的实验说明了这点。

在烈日炎炎的夏天,你正躺在海滩上。你想了一小时,要能来上一杯冰冻啤酒多快活呀!此时正好你的同伴起身打电话,他决定在最近一家卖啤酒的店(一个度假豪华大酒店)[一个路边简陋小商店]为你买一瓶。他问你,愿花多少钱买一瓶。如果价格没有超过你愿支付的价格就买一瓶。假设不能讨价还价(与一个度假豪华大酒店)[与一个路边简陋小商店]。那么以上情况下你愿支付的价格是多少呢?上述问题有两个版本,分别用小括号(大酒店)和中括号[小商店]表示出来。

对于这两个版本的回答是:在大酒店为2.65美元;在小商店为1.50美元。由此表明,即使产品相同,人的价格接受意愿也会不同,大酒店比小商店高,因为在大酒店人设定的参考价格较高。对此,标准经济学显然无法解释。既然是在海滩上喝冰冻啤酒,人既享受不到豪华酒店幽雅环境的收益,也遭受不到路边小店简陋环境的不快,无论在哪里购买都不会影响喝酒体验,但人为何愿为豪华酒店的啤酒支付更高的价格呢?一般人对待酒店出售产品的价格高较为宽容,愿支付的价格也较高。如果你的朋友告诉你,啤酒是花2美元在豪华大酒店买的,你一定很高兴,比你心理价位节省0.65美元,获得了交易效用。相反,如果你的朋友告诉你,啤酒是花2美元在路边小商店买的,你一定不高兴,因为交易效用为负0.5。

人的消费容易受到无关参考点的影响。在买被子的实验中,人喜欢比较现价与原价,在买啤酒的实验中,人喜欢比较大酒店和小店的卖价,价差可让人感受到交易效用,但忽视了产品本身带来的效用。按理说,被子合适就掏钱,啤酒味美就花钱,而不应受一些无关参考点的影响,但事实却相反,这就反映出了人的非理性,也影响到其幸福感。

如何避免交易效用对幸福感的负向影响?做决策时不要受成本和收益之外东西的影响,许多参考价格与决策并无关联,需关注的是成本与效用,只要边际效用大于或等于出售价格就值得购买,而不要过分考虑参考价格。人既要避免贪图便宜买了不需要的东西,也要避免觉得价高而不买自己喜欢或需要的东西。如旅游登山时遇到饥渴难耐,此时价高也应吃应喝,而不要受参考价格的影响。

4.3.2 心理账户开启与结算

在心理账户核算中,存在一个何时开启和关闭、结算账户的问题。一般说来,当人购买产品时,就会开启一个账户,消费时再关闭该账户。然而,生活中有时需提前支付,如预订门票、机票、车票等;有时是先消费后支付,如住房;有些耐用消费品消费跨越时间很长,如家具、家电等。这些情况都面临着何时开启和关闭心理账户问题。

赛马博彩时,Thaler发现,先前结果会影响人的风险态度。当赛马比赛临近终场时,不少赌客常孤注一掷,下注给赔率最高的普通赛马,以期该马彰显黑马本色,爆出天大的冷门,将此前损失全部扳回,这被称为"日终效应"或"孤注一掷效应(end of the day effect)"。Thaler的解释是:赌博即将结束时,赌客会关闭心理账户。在最后一轮赌博中,由于大多赌客处于损失状态,加之损失厌恶心理的存在,因此,为了能够挽回先前损失,赌客常愿承担更大的风险。

股票买卖中,如果市场下调,市值下降出现亏损,人常选择持有股票,也就是保持账户开启。此时的损失只是"账面"亏损,同卖出股票关闭账户而发生的实际亏损相比,账面亏损给人的痛苦小。由此表明,关闭亏损账户令人痛苦,这也是人不愿在股价下跌时抛售股票的原因。

人为筹集资金需卖股票时,到底是卖盈利的股票,还是卖亏损的股票呢?标准经济学认为:应卖亏损的股票,因为亏损不需缴纳资本所得税。然而,Odean(1998)的研究发现:人更倾向卖盈利的股票,而非亏损的股票,这种现象被称为"意向效用(disposition effect)"。如此看来,对于实际发生的损失与账面潜在的损失,人们未以相同的方式编码为损失,未引起相同程度的损失厌恶。关闭亏损账户令人痛苦,因此人不愿在股价下跌时抛售股票。

心理账户的开启和关闭与否,与下面的沉没成本也有着密切关系。

4.3.3 沉没成本

如果支付发生在消费之前,且消费者改变决策后又不能退款,那么先前的支付就成为沉没成本,标准经济学定义为不随决策变化而变化的成本,沉没成本不应影响消费者的决策,即"过去的就让它过去吧!"是否观看音乐会,不应受到是否丢票或钱的影响,只要音乐会值得看,丢票或丢钱都应买票看。然而,大量事实表明,沉没成本确实会影响人的决策。人很难忘掉沉没成本,因而也就很难关闭心理账户,原因也与损失厌恶有关——害怕损失、浪费和吃亏的心理。

1. 沉没成本效应

沉没成本效应(sunk cost effect)指消费者的决策难以摆脱沉没成本影响。在前面的"演出实验"中,丢了10美元门票的人常不愿再次买票,原因就在于丢的门票成了沉没成本,难以忘却过去的损失。

美国俄亥俄大学心理学系教授Arkes和Blumer(1985)是较早研究沉没成本效应的学

者。二人考察了观看演出频率与沉没成本的关系。1982年在校内剧院,其向购买1982—1983演出季票的前60名观众随机出售3种票价:①15美元全价票(无折扣);②13美元打折票(比全价低2美元);③8美元打折票(比全价低7美元)。

在演出季结束后,二人对数据汇总和分析发现,与购买打折票(13美元和8美元)的观众相比,购买全票(15美元)的观众观看演出的次数更多,三者平均次数分别为4.11、3.32、3.29。依据标准经济学观点,观众是根据偏好决定观看哪场演出,而且三种不同票价又是随机出售,因此观众观看演出的概率就不应出现明显的不同。然而,事实却出现了显著差异,原因就是票价不同或说沉没成本不同,购买全票观众的沉没成本最高,因而观看的次数也最多。

Thaler(1980)也列举了沉没成本的影响:"某家庭花40美元买了一张篮球赛票,比赛地点距家60英里[①]。假如比赛当天出现暴风雪,他们还是会看比赛,但若门票是送的,他们就会待在家里"。"某人参加了一个网球俱乐部,并支付了300美元的会员年费。两个星期球后,其肘部出现了炎症。他会在痛苦中继续打球,他说:'不想浪费300美元'。"由此说明,人做决策时依据的是已支付不能收回的成本。显然,与标准经济学不同,沉没成本确实会影响消费者决策。

商家常会利用沉没成本效应增加销售。一般大卖场常建在远离人居的地方,原因之一就是商家希望顾客将远途开车购物的成本视作沉没成本,买少了划不来,可能油钱都收不回来。同理,在超市的产品品种和价格基本相同的情况下,收会员费的超市生意往往好于不收会员费的超市。其中的奥妙就与沉没成本效应有关。顾客购买会员卡后,其费用就成了沉没成本,而人很难忘掉沉没成本。因此,顾客觉得购卡不去划不来,因而会更多地光临超市,购买更多的产品。与此相似,顾客在餐馆花钱办会员卡享受打折服务,或用餐后获赠优惠券,也是商家利用了人忘不掉沉没成本的心理,招揽生意。

当然有时不忘沉没成本也非坏事。在健身俱乐部例子中,如果会员买了月卡或年卡,那么忘不掉沉没成本或由于损失厌恶而难以关闭心理账户,他就会更多地去健身。由此沉没成本效应客观上让人养成了一个良好的健身习惯,这实在是歪打正着。

2.沉没成本谬误

沉没成本谬误指坚持收益为负的活动以期收回沉没成本。如因为我已付出很大的努力,所以我不能放弃;因为我已花费很多钱,所以我必须坚持到底。沉没成本不应成为是否继续一项活动的考虑,应考虑的是该活动的未来收益和成本。

Just(2011)研究了半价和全价自助餐顾客的行为。结果表明:在控制了性别、身高、体重和排除其他影响消费的因素后,半价用餐者比全价用餐者少吃25%,显然,全价用餐者为让钱有所值而多吃,成为沉没成本谬误的受害者。研究还发现:认为披萨不怎么好吃的人比爱吃的人吃得更多。显然,为了获得交易效用,全价用餐者吃了更多的难以下咽的披萨。

沉没成本谬误不仅体现在金钱方面,也表现在付出的时间、精力甚至受伤的情感方面。在恋爱中,即使知道男友是个彻底的失败者也不愿抛弃,只是觉得离开意味着浪费了人生最

---

① 1英里=1 609.344m。

美好的时光,不能摆脱付出的时间和精力等沉没成本。同样在婚姻中,很多人维持早已破裂的感情,原因并非亏欠对方或有履行誓言的道德义务,只是觉得这段感情投入了大量时间和精力,离婚就意味着巨大的沉没成本。

3. 沉没成本衰减

尽管沉没成本影响人的决策,然而影响也会随时间推移而减少,直至最终消失。Thaler用一个思想实验说明了这点。假设你买了一双新鞋,在商店试穿时感觉非常舒适,但回家穿了一天脚就被挤疼。几天后你咬牙又穿了一回,结果脚疼得更厉害。接下来你会怎样呢?我预测会发生3种情形。

(1) 买鞋花钱越多,你咬牙穿的次数也越多(这种选择是理性的,否则你又需花钱买一双新鞋替代)。

(2) 最终放弃穿但又不会扔掉。买鞋花钱越多,其在鞋柜放的时间越长(这种选择是不理性的,除非该鞋占地不大)。

(3) 在决定扔掉时,无论先前花了多少钱,这笔支出已完全"贬值"了。

由此说明,人对待沉没成本的态度,虽然短期会耿耿于怀,但长期又非念念不忘。心理账户理论也可对此进行解释,在刚支付价款后,价钱在人的印象中非常显著、深刻,一段时间后,如果消费者不再进行消费,支付价款会编码为损失,而损失厌恶将促使其关闭心理账户。

4.3.4 延期付款和分次付款

Soman 等(2001)发现,人购买产品时,付款时间越早,消费产品的兴趣就越低,相反延期付款的人消费产品的兴趣却很高。这就意味着人的消费兴趣和频率受付款方式的影响。

1. 支付隔离

人在管理心理账户时,喜欢将支付(成本)和消费(收益或效用)时点匹配,此谓"一手交钱一手交货"。然而,生活中也存在支付和消费时点分离——支付隔离,其对人的消费决策影响很大。

Prelec 和 Lovewenstein(1998)的实验证明了这点。二人询问被试:

A. 为了度假,是愿提前 6 个月每月预付 200 美元? 还是愿返回后 6 个月内每月支付 200 美元?

B. 买洗衣机,是愿提前 6 个月每月预付 200 美元? 还是愿送来后 6 个月内支付每月 200 美元?

结果表明,被试更愿为度假预付费用,为购买洗衣机贷款,原因就是支付隔离。前者不喜欢延期支付,因为度假回来后要还钱,此时只有成本却无收益,显然存在支付隔离。而后者延期支付则不存在支付隔离。

Thaler(1980)在地中海俱乐部定价的研究中,要求消费者一次性支付而不是分次支付费用,费用包括餐饮、住宿和娱乐各项开支。该定价有个优点:餐饮和娱乐费用与度假的其他开支合并显得就小一些,相反按项收费,每项小开支都会在人心目中放大,并带来负交易效用(考虑到其他度假地价格相对便宜)。按项收费缺点就是支付与消费联系太直接、突出,人显然不喜欢。一顿豪华大餐如果上一道菜收一次费,人很易将其与高价挂钩。又如卖掉自己的车,选择出租车或租车出行也许花钱更少。然而,坐出租去超市或影院,哪怕每次只需区区10元,对人来说都会显得非常突出,进而觉得购物和看电影花费太多。反之自己有车,每月支付一笔费用后就无需再支付。人不喜欢"总被提醒该缴费了(have the meter running)"的心理(Thaler,1993),这种情况在电信业被称为"包月费用偏好(flat rate bias)"。

电信消费中的包月消费是支付隔离的一个例子。与按通话量付费方式比,大多数人喜欢采用包月缴费方式(Train,1991),甚至在按通话量付费花费少的情况下结果依然如此(Prelec et al,1998),这就是包月费用偏好。美国在线(AOL)发现:1996年采用互联网包月付费方式后,没想到需求剧增,以至于用户很难登录网页,结果无意间还损害了公司形象。

Soman等(2001)的实验发现:与每天购买滑雪门票的人比,购买4天滑雪门票的人最后1天更可能不去滑雪。他还发现,与每次购买戏票的人比,拥有多场戏票的人更易错过演出。当然,这也与自我控制有关,在健身俱乐部消费中,健身的自我控制很重要,尽管也存在支付隔离,但支付的年会对人的心理产生一种约束,因此,同每次付费的人比,支付年费的人更易去健身。

支付隔离最典型的例子就是信用卡,其支付意愿比现金高(Prelec et al,2001),原因如下。

(1)信用卡可实现提前消费。缺乏耐心储蓄或暂时缺乏流动性者可用信用卡实现提前消费。

(2)信用卡可淡化购买成本。由于信用卡支付与消费分离,因而刷卡消费易忽视购买成本。Simester(1997)观察发现,校园书店中,如果学生用现金而非信用卡结算,出书店后,学生能更精确地记住书款。其实,只要刷卡消费就会淡化购买成本,就易导致过度消费,无论是银行卡还是校园卡都是如此。

(3)信用卡可淡化价款凸显性。信用卡将所买商品一并支付,使得单件商品价钱失去凸显性。如Thaler(1999)所言:单买50美元的影响大于买了843美元后再买50美元的。此与前景理论及心理账户中边际敏感度递减而合并损失有关。

生活中除了信用卡外,自助餐也是一种典型的支付隔离。支付完后吃自助餐,多吃无支付的痛苦,或者说支付的边际成本为零,因而特别快乐,特别容易多吃。

在支付隔离的情况下,人很易出现过度消费,过度消费不仅浪费你的钱财,也会影响你的将来。对此,Prelec等(2001)劝导,出门时不要带信用卡,其会让你消费过度和储蓄不足。

2. 支付贬值

支付贬值指随时间推移人对先前支付的价值会感到逐渐降低。预付形式很容易产生沉没成本,支付隔离意味着支付与消费分离,沉没成本和支付隔离都可导致支付贬值。Prelec等(1998)研究发现,健身俱乐部消费中,一年缴纳两次会费的会员,刚开始心理感受的成本强烈,在缴费后第1个月,光顾俱乐部次数最高。然而随后5个月里,感受到的成本会逐渐淡化,光顾俱乐部的次数越来越少,最后关闭心理账户。再次缴费后又会重复上述过程。

综上可知,无论是延期支付(信用卡)还是预先支付(健身卡)都会导致非理性消费。延期支付产生的支付隔离容易导致消费过度,而预先支付产生的支付贬值容易导致消费不足,两者都会产生浪费。

5　评价选择

标准经济学认为，理性人的评价和选择与评价模式无关，而与偏好有关。然而，行为经济学的研究表明，人的评价和选择受到评价模式的影响，而且不同的评价模式还会导致偏好逆转。

5.1　评价模式

评价模式是心理学对标准经济学中决策分析的重大补充，其细致入微的探究可给人很多启发。

5.1.1　评价模式类型

在评价一个对象时，可依据决策的情境不同，将评价模式分为两种：无比较对象的单独评价模式（separate evaluation）；有比较对象的联合评价模式（joint evaluation）。评价模式不同，人对同一对象的关注点也会不同，进而导致对同一对象的评价也不同。

联合评价模式中，人关注的是该对象是否比参考对象好，由此就会导致对同一个对象的评价会随参考对象不同而不同。而标准经济学认为，消费者是依据产品价格、质量和功能等等客观属性独立做出选择，并不涉及参考对象的影响。然而，行为经济学研究却表明，人对产品的评价受到主观构建情境的影响。

5.1.2　评价模式选择

采用不同的评价模式，人对同一个对象评价的结果也会不同，学者的"救灾实验"（Slovic et al，1983；Tversky et al，1990）证明了这点。

太平洋上有两个岛国同时遭灾：

岛国 A 遭台风袭击，1000 户中 60% 的房屋被摧毁，你作为联合国官员需决定拨付多少钱用于救灾？

岛国 B 遭台风袭击，18 000 户中 5% 的房屋被摧毁，你作为联合国官员需决定拨付多少钱用于救灾？

哪国应获得更多的援助？

实验表明：联合评价时，大多数人认为岛国 B 应比岛国 A 得到更多援助。而单独评价时，大多数人认为岛国 A 应得到更多援助。何以如此？这里受灾户数多少是一个难评价因素,而百分比高低却是一个易评价因素。决定援助资金数量的主要因素还是受灾户数。联合评价时,岛国 A 被摧毁房屋为 600(1000×60%)户,而岛国 B 为 900(18 000×5%)户,岛国 B 理应得到更多援助。但单独评价时,受灾户数 600 或 900 到底是多还是少很难评价,如此只好依据易评价因素(%)决定援助多少。

后来奚恺元(Hsee,1996,1999)教授的"购买词典实验"也证明了评价模式的影响。

如果你是一名音乐学专业的学生,想在旧书店买本音乐词典,现有 A 和 B 两本词典可供选择:

A 词典. 词条数目 1 万,全新无破损。

B 词典. 词条数目 2 万,基本完好稍有破损。

再想象两种情况:第一种情况书店同时有 A 和 B 出售;第二种情况书店只有 A 或 B 出售。在这两种情况下,你愿为 A 和 B 支付多少钱? 实验表明:第一种情况联合评价时人愿为 B 支付更高的价格,而第二种情况单独评价时人愿为 A 支付更高的价格。同一对象何以出现两种不同的评价结果? 这里 A 和 B 存在两个可比较的特征:词条数目、有无破损。词条数目方面显然 B 比 A 好;而有无破损方面 A 又比 B 好。作为工具书词典来说,哪个特征更重要呢? 显然是词条数目。因此,联合评价时,人只需稍做比较就很易选择词条数目多的 B。然而,单独评价时,由于没有比较信息,人很难知道词条数目是多是少。因此词条数目优势就很难体现和评价,而有无破损却是一目了然。

至此,可看出不同评价模式下选择的特点:单独评价时,由于缺乏比较,在易评价特征(如百分比或有无破损)和难评价特征(如受灾人数或词条数目)分别存在的情况下,人会更多关注易评价特征,由此难免做出欠合理的选择。联合评价时,由于存在比较,在易评价特征和难评价特征同时存在的情况下,也就容易做出合理的选择。

显然,评价模式不同偏好也不同,进而出现偏好逆转。Okada(2005)的研究也证明了偏好逆转的存在,单独评价时人更偏好享乐品(Hedonic Products),如鲜花、香水、黄金首饰、私人飞机;而联合评价时人更偏好实用品(Utilitarian Products),如衣、食、药、家电、教科书。购买和消费享乐品有违社会和宗教提倡的节俭原则,让人有一种负罪感。正因为联合评价让人更加理性,因此也更偏好实用品,选择更必需的东西。

那么,何时采用单独评价? 何时又应采用联合评价呢?

单独评估时人关心对象本身是否好,而联合评估时人关心该对象比参考对象是否好。既然评价模式不同,导致人对于同一对象的评价也不同,那么究竟采用单独评价还是联合评价好呢? 如果面对 A 与 B 两个选项,为了做出对自己来说的最优选择——选择 A,具体如何选择可分 4 种情形:①如果 A>B,此时就采用联合评价;②如果 A<B,此时就采用单独评价;③如果 A=B>0,此时就采用单独评价;④如果 A=B<0,此时就采用联合评价。

由于单独评价与联合评价存在差异,依据两者做出的决策可能出现相反的结果,因此如何做出最优决策就值得思考了。青年男女相亲时也存在这个问题,从而就有了奚氏相亲原则。

芝加哥大学奚恺元(Hsee)教授是评价模式方面的专家,他在 20 世纪 80 年代参加高考,由于弱视未被录取,去清华大学和北京大学旁听又成为不受欢迎的人,无奈父母决定举家迁到美国去求学。他夏威夷大学毕业后考取了耶鲁大学博士,当时夏威夷大学教授十分惊讶:我们夏威夷大学的学生要考取耶鲁大学的博士那是不可能的。毕业后他去芝加哥大学任教,奚恺元教授的经历说明,我们在人才选拔时还可更全面一些。

奚教授非常风趣幽默,其极富启发性的研究还极具趣味性。他研究了评价模式在男女相亲中的运用,提出了奚氏相亲原则。众所周知,男女相亲时关注的方面并不相同。通常男性对女性长相赋予了较大权重,而女性则对男性才能(或财富)赋予了较大权重,郎才(或财富)女貌就是最好的说明,进化心理学表明,郎财女貌有利于人的生存和繁衍。

假如有人给女孩介绍了一个男友,此人各方面不错,相约见面,无疑第一印象尤为重要,尤其是容貌。女孩精心打扮后正准备出门,恰巧碰到室友有空,女孩盘算着是否带室友一同去?

现假定有4种情形:①你美她丑;②你丑她美;③你她都美;④你她都丑。

对于①和②,答案很显然。你美她丑就带她去,因为联合评价比单独评价更能突出你的美。相反你丑她美就会突出你的丑,也就不应带她去。对于③和④呢?你和她都美你就应一人去,因为此时男友会将你和他见过的女孩比较,如此,漂亮的你就有了比较的优势。如果一同去,男友就会采用联合评估,眼睛会在你们身上扫来扫去,犹豫不决,有可能还会发现你的一点相对不足。你和她都丑就应一同去,此时一人去就毫无希望,如果一同去,男友就会进行联合评估,或许能发现你的相对优势,对于你来说可能还有些许机会。对女性来说,除了外美还有内秀,有时女性的学养、性格、气质、品位更能打动男性。对此奚恺元教授又做了进一步的分析。

如果你在难评价特征上占优,在易评价特征上占劣,此时就应一同去。如果你脖颈上有块胎记——易评价特征,室友却没有,但你又拥有远比室友广博的学识——难评价特征。如果一人去,男友一看到胎记,就可能对你的印象大打折扣,而你的学识是否广博,没有比较不好判断。因此,如果你在难评价特征上占优,而在易评价特征上占劣,此时就应一同去。相反,室友与你一样,既有胎记又有学识,此时你就应一人去,要在单独评价中突出自己的优势。

如果你在难评价特征上占劣,而在易评价特征上占优,此时就应一人去。

在漫漫人生之路中,人面临的重大、关键路口并不多,因此人生大事的抉择最好还是要多采用联合评价,如恋爱、选择专业和职业、买房、选择居住地区,否则会付出巨大的沉没成本。常人很难摆脱的"一见钟情"就是单独评价,以后再遇见好的就会陷入道德和情感危机。现代人恋爱经历越来越多,结婚越来越晚,这有其合理性,因为联合评价可让人做出更全面的了解,避免由于单独评价的片面和冲动而造成悔恨。"女怕嫁错郎"就是对此的最好说明。"男怕入错行"也是如此,大多数人的人生差别,很大程度上源于大学所学专业的不同,而不同专业的市场价值和社会威望差距巨大,进而职业收入差距也巨大,尽管专业和职业也可转换,但对大多数人来说沉没成本巨大,因此专业和职业基本定型了人生。如在经济学研究数理化当道的今天,很难想象一个学习法学、历史或语言专业的人,能够从事现代经济学的研究。同样在面临人生大事买房时,也最好采用联合评价,否则刚刚签了购房合同,结果又在别处看到了价格、位置、景观、房型更满意的楼盘,结果必然是顿足捶胸、恨悔至极。想着当初要是不慌不急,采用"货比三家"的联合评价模式,也不至于这般痛悔。

5.2 评价模式与偏好逆转

标准经济学假设人的偏好具有可传递性,然而,事实上人的偏好受评价模式影响,从而使得偏好不具可传递性,违反可传递性就被称为偏好逆转。

1999年奚恺元和同事在《心理学通报》(*Psychological Bulletin*)上发表了一篇论文,提出单独评价和联合评价的不同,结果导致偏好逆转出现。

面对以下两个分配方案,你愿意选择哪一个?

A. 给你1200元,给你的同事1800元。

B. 给你1000元,给你的同事1000元。

结果表明,单独评价时,即只看到一个方案A或B,大多数人更偏好B,选择公平方案。而联合评价时,即同时看到两个方案A和B,大多人又偏好A,选择实惠方案。由此说明,单独评价时人更易从个人感情和好恶出发选择,认为"公平"比"实惠"重要。而联合评价时人却更看重实际利益,会摒弃情感因素,做出更理性的选择。显然偏好受评价模式影响,会出现偏好逆转。

单位招聘人才时,采用何种评价模式也会影响到选择所需要的人。设想有一家市立医院急需招聘一名外科医生,现有A和B两人前来申请。

A. 北京协和医学院博士毕业,工作时间10个月。

B. 华中科技大学同济医学院本科毕业,工作时间10年。

单独评价时申请人A似乎有更大优势,北京协和医学院全国医科排名数一数二,只有非常优秀的学生才能进入该校学习。这样的学校背景(易评价特征),很容易让医院选择申请人A。但如果把两名申请人放在一起比较呢?毕业学校和学历背景也许就不那么特别重要。虽然同济医学院不及北京协和医学院名气大,但也相当不错,特别是对于一个单纯的医疗单位(非科研和教学单位)来说,用人的首要考虑是工作经验(难评价特征)而非学历和学位。

特别值得指出的是,诺贝尔奖得主Arrow1962年提出的"干中学、学中干"思想极其重要,特别是在操作技能、动手能力以及发明创造方面。由于外科手术要求申请人具有丰富的实际工作经验和较高的动手能力。因此申请人B显得具有更大的优势。事实上,很多需长期、反复、大量训练积累的经验和操作技能(手术、雕刻、绘画、演奏、养殖、经商、写作等)与学历相关性不大,这些经验与技能课堂学不到,要在实践中培养一种"只可意会,不可言传"的感觉,且人的动手能力有天赋性、悟性,不完全是习得,高分低能的"书呆子"就是证明,就如生活中有些"教授"怎么学也拿不到驾照一样。由此可知,联合评价时医院很有可能出于实际工作经验的考虑,放弃申请人A而选择B。

常识表明,敬业精神和天赋相同的情况下,一个普通院校本科毕业但工作了10年的医生,同一个名牌大学博士毕业但只工作了10个月的医生相比,前者的医疗水平要高出很多。同样,大学的教学工作也是如此,一名刚毕业的博士,其教学经验显然不及工作5年的学士。况且天赋很重要,再聪明的教授如果口头表达能力不高,甚至口齿不清,可想而知教学效果如何。所以单位如果要避免招聘过程中偏差,如学历歧视、名校"光环效应"等,就应同时考虑易评价和难评价,联合评价就是一个不错的解决方式。Kahneman 面对《经济观察报》提问:你说过仅凭直觉和喜好面试求职者会出现差错,那么应怎样面试求职者呢?答道:其实我一直怀疑面试是否真的是选择员工的好方式。我建议先列出公司想要的员工特质,用这些特质考察求职者,然后得出综合的结论。我觉得印象一定不是确定员工的最佳方式。显然,采用联合评价,可更好地招聘到满足公司需要的特质的员工。

1. 交替对比

前面介绍的联合评价是一个比较对象,事实上也存在两个比较对象的联合评价,这种联合评价也会导致偏好逆转,这就是交替对比效应。

Simonson(1989)对此进行了说明,如图 5-1 所示。假设有 5 种产品 A、B、C、D、E,各有 X 和 Y 两个属性可供选择,A 在属性 Y 方面最优,但在属性 X 方面最劣;相反,E 在属性 X 方面最优,但在属性 Y 方面最劣。由于每种产品难以在两个属性方面都最优,如此人就难以选择了。

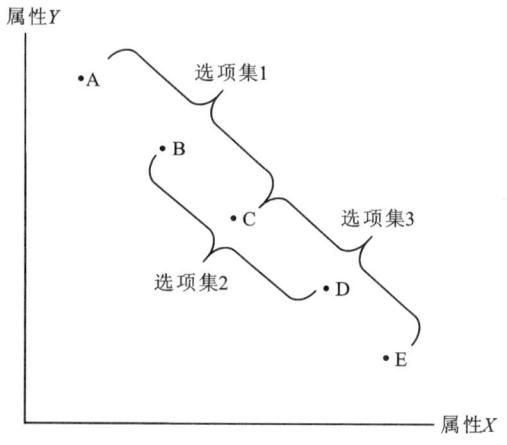

图 5-1 交替对比作用

Simonson(1989)的研究发现,同一产品 B,在选项集 1(A、B、C)中,B 被选择的概率大于选项集 2(B、C、D),因为在选项集 1 中 B 处于中间项,而在选项集 2 中 B 处于极端项。同理,C 在选项集 2(B、C、D)中被选择的概率大于选项集 3(C、D、E)。由此表明,人在选择时不喜欢走极端。

Simonson 和 Tversky(1993)的实验室研究也再次证明了这点。首先,让被试看现有档次种类的美能达照相机;其次,让被试在低档与中档美能达相机二者之间选择,结果各有 50% 的相机被选中;最后,让被试在低档、中档和高档相机三者之中选择,结果前面选择低档和中档相机被试中的 72% 现在选择了中档的相机。

交替对比效应在观察和判断中普遍存在,一个圆圈周围被小圆圈环绕时显得很大,被大圆圈环绕时显得很小。同理,一个产品用一个不如其有吸引力的替代品做背景,这个产品就显得更有吸引力,相反,用一个比其更具吸引力的替代品做背景,这个产品就显得没有吸引力。

以上研究揭示的结果与标准经济学不同,按标准经济学观点,消费者是依据产品的价格和质量属性独立做出选择,然而,事实上消费者的选择会受到选项集合的影响。进一步说,这种影响可具体表现在两个方面。

(1) 极端厌恶。上述交替对比中也表现出人不喜欢选择处于两端的极端选项。在只有 A 和 B 两个选项的情况下,人常陷入两难选择,增加 C 选项后,在原来 A 和 B 两个极端项之间多出一个中间选项,这个居中的 C 选项更易被人接受,这种心理就是极端厌恶。生活中人常倾向于避免最大与最小、最贵与最廉、最多与最少、最好与最坏等这些极端选项。对日本餐馆的调查表明,在只提供高、低档套餐的餐馆,顾客对二者的选择没有差异,但在提供高、中、低档套餐的餐馆,选择中档套餐的非常多,高达 85.7%,特别是团体宴会,订餐者会更加谨慎,多选择比较安全的中档套餐。

(2) 折中效应。交替对比的结果,还会产生所谓的折中效应(compromise effects)。折中效应指人在选择时,面临大、中、小号 3 种选项常会选择居中的选项。如此很可能让人忘了自己的真实需求。

商家在出售产品时常将其划分成不同的规格或型号,如咖啡、啤酒出售时常有大杯、中杯、小杯之分,虽说其成本存在着差异,然而,价格差异要远大于成本差异。实际上,这就是商家利用折中效应玩的营销伎俩。假如咖啡馆推出一款咖啡:大杯 400mL 售价 34 元;中杯 350mL 售价 26 元;小杯 300mL 售价 20 元。

对于上述 3 个选项,理性的人理应选择小杯。原因在于:一是性价比高;二是一般人的正常需求基本能够得到满足。然而,在大杯和小杯两个选项的影响下,一般人认为大杯多喝不完,小杯少喝不够,而中杯不多不少最合适。因此,人在折中的选择中,往往会忽略自己的真实需求,影响到幸福感。

在司法审判中,陪审团和法官选择犯罪定性时,也会受到折中效应影响。面对以下两个选项集合。

集合 1. A 一般杀人;B 谋杀。

集合 2. A 一般杀人;B 谋杀;C 情节特别严重的谋杀。

显然,集合 2 中选择谋杀的可能性远大于集合 1。选项集合不同选择也不同,对此 Sunstein(2006)指出:"立法者、法官(其指导陪审员)都须仔细考察选项集合是什么?无论是有意还是无意都须说明这个事实,增加一个选项不仅引进了一个看似很合理的可能,而且会改变其他选项的选择结果。"同样,在选举、医疗方面的纠纷以及政策的制定方面,折中效应的影响也非常大。

上面交替对比中体现出来的极端厌恶和折中效应,两者实际上很相似,都反映出这样一点,就是增加选项可改变人的偏好,人的偏好并不稳定,偏好会受到选项数量的影响。当然,选项数量也并非越多越好,这是下面所要说明的。

5.3 选择问题

标准经济学认为,效用最大化的前提是消费者拥有选择自由,因此选项越多就越有可能做出自己最满意的选择。然而,事实并非如此。选项过多会耗脑费时,而且信息超载也会让人无所适从。

哥伦比亚大学的 Iyengar 和斯坦福大学的 Lepper 教授做过一个实验,目的是揭示选项数量与购买欲望间的关系。在北加利福尼亚一家超市,他们搭建了一个品尝果酱的摊位。第一次放 6 种果酱让顾客品尝,第二次放 24 种果酱让顾客品尝。结果表明,有 6 种果酱品尝时,40% 的顾客品尝了果酱;有 24 种果酱品尝时,60% 的顾客品尝了果酱。令人吃惊的是,摆出 6 种果酱时 30% 的顾客购买;而摆出 24 种果酱时却只有 3% 的顾客购买。实验表明,选项较多可增加商品的整体魅力,吸引更多顾客的目光。但选项过多,比较就会变得复杂,顾客就会感到迷惑、茫然、纠结,不知选哪一个好,结果购买欲望反而可能降低。

由上可知,面对不同选项集合结果也不同:两个选项容易困惑,3 个选项回避两端,过多选项则陷入选择过载。选项多比较也多,虽说人喜欢进行比较,但却不喜欢进行复杂的比较,复杂比较让人感到茫然和焦虑,结果就可能随便选择或放弃选择,即使没有随便选择或放弃选择,人的选择也会受选项位置的影响。

Danford(2016)对人选择时的行为心理做过一个概括:两个选项集合,第一项具有优势(首因效应);3 个选项集合,中间项具有优势(折中效应);多个选项集合,第一个(首因效应)选择和最后一个(近因效应)选项具有优势。

这种概括有助于理解人的选择心理,从而也有助于利用这些心理增加人的幸福感。了解这些选择心理,以后在生活中再面对选择时,就要有意识地避免这些心理的影响,或别人利用这些心理企图操控自己的影响,选择自己需要、喜欢、适合自己,维护自己利益的选项。如此这般,可少犯错误,少些烦恼。

6　社会比较

比较研究专家 Mussweiler(2003)指出:"人类的判断皆由比较得出。"前景理论中的参照依赖表明,收益和损失通常是与参考点比较得出的。如果参考点与他人的状况相关,如人的成就或禀赋,自然就涉及社会比较。同样,评价选择中也涉及人与人的社会比较,在评价他人表现时,不可能不与自己比较(Gilbert et al,1995)。社会比较对人的幸福感的影响非常大,幸福经济学研究表明,社会比较是影响幸福感的三大因素之一。由于人衣食无忧时社会比较更多,因而影响也更大。

6.1　社会比较作用

人不仅将自己现在的状况与过去的比,而且也会将自己的状况与他人的比(Lyubomirsky,2001),这就是社会比较。

1. 社会比较范围广泛

人喜欢比较的范围非常广泛,Solnick 和 Hemenway(1998)调查了哈佛公共卫生学院的257 名学生、教员和职员,询问被调查者:

A. 你愿长的超级好看但在本地区只排名第十,还是愿长相一般但在本地区最好看?

B. 你愿孩子绝顶聪明但周围孩子全部才华横溢,还是愿孩子智力一般但比其他孩子聪明?

结果调查表明,对这两个问题的回答,被调查者大多偏好后者。

人除喜欢比较高矮、胖瘦、美丑和衣着(这种现象在女性中特别明显)等外貌外,还有权力、地位、身份、物质财富、才华等,一个男性遇到一个拥有更多权力、更大成功的男性,其自我评价自然不会高。人在保健方面也喜欢进行比较,研究表明,相对地位比绝对标准重要。一个有着较高绝对收入和保健水平但相对贫困者,其健康状况要比相对富有但绝对贫困者的低很多;收入和保健相对水平对死亡率的影响要大于绝对水平的(Wilkinson,1997;Deaton,2003)。人还喜欢社会活动方面的比较,经济学家 Crosen 研究了电台捐赠信息对听众捐赠数额的影响,结果表明,知道他人捐了 300 美元信息的人,比不知该信息的捐赠更多。由此说明,人做好事时也喜欢比较,当然这种比较具有积极意义,但也同时说明了深藏于人性中的、根深蒂固的比较意识。

2. 社会比较影响知觉

社会比较对人的知觉影响非常大,见到非常吸引人的同性后,自然就觉得自己缺乏吸引力,而看到一位相貌平平的同性后,则不大可能有这种感觉(Brown et al,1992;Thornton et al,1997)。Kenrick 等(1980)曾让其男性助手进入蒙大拿大学男生宿舍,让其告诉学生:"这个星期我朋友要来,我想给他介绍一位女朋友,但我又不能确定这位女生是否适合他,因此,我想征求一下您的意见……想请您在一张 7 点量表上评价这位女生的吸引力。"然后,向这些学生展示一位普通年轻女性的照片。结果发现,刚看过一部描述 3 位漂亮女性电视剧的男生与没有看过的相比,前者对该女性的评价更低。Zillmann(1989)的实验室研究也证实了这种"对比效应"。对刚看过杂志中裸体照片的男性来说,普通女性甚至其妻子的吸引力都会下降。性唤起可能暂时让性伴侣看起来更有吸引力,然而,如果人刚看过完美可打 10 分的异性,或非现实的性描述,其性伴侣的吸引力就会下降,更可能给伴侣打 6 分而非 8 分。

3. 社会比较影响幸福

人类最强的竞争动机就是人际比较,一旦开始社会比较,也就开始了竞争。社会比较所致的竞争对人的幸福感影响极大,胜者固然高兴,败者自然感到焦虑、抑郁、屈辱、失去自尊。

大多经济学家都认为,效用天生就是相对的。Vidal(1988)指出:"仅有自己成功不够,还须有他人失败。"人可能因为他人的失败而暗自高兴,特别是自己憎恨、嫉妒的人遭受失败和不幸,而自己不大可能遇到这种倒霉事时(Suls,1996;Lockwood,2002)。人感觉好或不好取决于与谁比较。当别人思维敏捷、行动灵活时,就会觉得自己反应迟钝、行动笨拙。当一个棒球手以年薪 1000 万签约时,队友即使年薪 800 万也会不满。随着交通、通信、媒体的发展,现代社会比较的范围大大扩展,进而对人的幸福感也产生了更大的影响。Gutierrez 等(1999)指出:"应感谢现代媒体的存在,它让我们在一个小时之内就可看到'很多更具吸引力、更成功的男人',而我们的祖先则需花费一年甚至一生的时间才能看到如此多有吸引力的人。"这种超过正常的比较标准让人焦虑,低估自己和伴侣,然后,花费大量的金钱和时间化妆、减肥和进行美容手术,进行攀比,满足虚荣心。结果是花了钱还未必幸福。

虚荣心会扼杀各种活动给人的乐趣,导致无聊和倦怠。如果在美国问一个人,或在英国问一个商人,何为享受人生的最大障碍?他一定会说是"生存之战",其实质是"成功之战"。投入战斗时怕的不是明天没有早餐,而是没有邻居好。哲学家 Russell(2020)认为这种竞赛的终点是坟墓。由此表明这种竞赛如果持续一生,结果是死路一条。事实上,人若能超脱满足虚荣心的社会比较,会幸福很多。同为哲学家 Schopenhauer(2020)也指出:"作为人类天性中一个很大、特有的弱点,人总是关注别人如何看待自己,其实不管别人如何看待自己,都与自己的幸福无关。……不管别人是吹捧我们、满足我们的虚荣心,还是贬低我们、伤害我们的感情,都要不卑不亢、宠辱不惊。否则,就会成为别人的看法或意见的奴隶。……人若不能在自身内在本质和外在财富资源中找到幸福,而硬要从别人对自己的看法中来寻求满足,那真的是太不幸了。"此言极是,现代社会人不幸福,不是缺衣少食,而是太在乎自己在别人眼中的印象、形象,从而失去了自我,也就没有了心灵的自由、自在。

6.2 比较对象选择

人在进行社会比较时,对参照群体的选择,只有部分是外部强加的,相当大的部分是自己主动选择的结果(Falk 和 Knell,2004),这种选择表现在 3 个方面。

1. 向上比较

人选择比较对象时喜欢向上比较。当今,日渐盛行的奢靡之风也可归因于强烈的向上比较倾向:人在攀爬成功和财富的阶梯时,通常是与自己水平相当或之上的同辈比较。如果攀比后已不如人,认知就会扭曲,进而体验到不满。当自己周围人的收入都增加,或考试分数都提高,谁又不会感到沮丧呢?这是由人类基因决定的,是灵长类动物的天性。猴子成为首领时,其血液中的复合胺(serotonin)数量就会增加,情绪就会高涨。反之,当其不再是首领时,复合胺就会减少,情绪也会低落(Brammer,1994)。

向上比较的结果会让人体验到相对剥夺(relative deprivation)。相对剥夺是学者研究美国"二战"士兵满意度时提出的。美国空军士兵对自己未获晋升的挫折感比警察更强烈,然而,事实上警察晋升比空军的缓慢且难以预期得多。尽管空军晋升很快,但大多数空军军人还是觉得比一般军人出色,因此期望的比得到的多,结果挫折感也强。无疑提高警察工资可提升其士气,但同时却会打击消防员士气。相对剥夺可预测人感到不公平时何反应(Kawakami et al,1995),为何在贫富差距大的社会,人的幸福感很低但犯罪率却很高(Hagerty,2000;Kawachi et al,1999)。

当今社会,人挫折感的一个重要来源,就是电视和广告中描绘的"荣华富贵"生活。观看电视时,当看到他人拥有而自己却未拥有的东西时,就会产生相对剥夺感和挫折感。在观看喜欢的肥皂剧中,剧中家庭成员的生活也可成为人比较的对象。观看电视越多,就越容易将自己的生活与相对富裕的人比较,由此,物质欲望就会不断攀升,自己也会感到越来越不满(Schor,1998)。

许多经济学家也注意到,在收入、消费、身份地位等方面,人喜欢将自己与值得注意的人进行比较,且在进行比较时,眼睛总是朝上而不是朝下看。如此,造成自己的愿望升高。富有的人给贫穷的人施加了一个消极影响——负外部性,让后者体验到相对剥夺或挫折感,反之却并非如此。

2. 相近比较

人在比较时,喜欢同自己接触较多、条件相近的人相比,而较少同明星、乞丐、富豪相比。因此,最激烈的竞争往往发生在组织成员间,如公司、学校、家庭、军队、政府等组织体中。在西方,公司实行薪酬保密制度,原因就是可避免相近比较产生的痛苦,以利员工相安无事。

美国作家 Mencken 说过:"富有的男人就是年薪比他的妹夫高出 100 美元的人。"此话道出了一个现实,就是人总是喜欢与身边、附近的人比较,而不会与差距过大的人比较。在中学名列前茅的学生,进入大学后,学业自尊会受到极大的挑战,因为大学里有太多中学阶段名列前茅的学生(Marsh et al,2000)。研究表明,朋友的成功比陌生人的成功威胁更大(Zuckerman 和 Jost,2001),人最遭嫉妒既是同行中的佼佼者又是情敌的人(DeSteno 和 Salovey, 1996)。

美国女权主义者 Stanton 指出:"妇女的发展与她们的不满完全同步。"西方妇女解放运动兴起后,女性薪酬和工作机会与男性已很接近,然而,女性的幸福感却未增加。调查表明,同男性相比,美国女性的幸福感呈下降趋势。原因或许是当今女性不像从前,不是更多地与自己的过去比,而是更直接地同男性比。如此,她们就会非常在意两性间的差距,进而产生不满。

Clark 和 Oswald(1996)对5000名英国工人的研究发现,这些工人选择的参照群体都是与其具有相同劳动力市场特点的人,并且参照群体收入越高,工人的工作满意度就越低。在美国的企业中,公司老板与员工的收入差距不断扩大,但在两者收入都增加的情况下,员工并未感到有什么损失,然而,一旦员工得知老板的收入增加更多时,就会感觉境遇变糟,这也是为何世上大多数人都嫉妒 CEO、大亨,在内外部监督权缺失的情形下,其以牺牲股东和员工利益为代价,拿着付出与得到完全脱节、极端不公平的高薪,体现在薪酬增幅远高于销售额和资产的增幅。Linden(1991)的研究就表明,美国经理的效率并不比其同行德、日经理高,但薪酬却要高很多倍。社会比较甚至也会发生在家庭之中。Clark(1996)的调查表明,被调查者的工作满意度受到配偶工资的负向影响。如果女士丈夫的收入少于女士姐夫或妹夫的,那么为保持与自己姐妹相同的生活水平,这个女士出去工作的可能性要高16～25倍。妇女决定是否工作,取决于其姐妹、姑嫂是否工作,挣取多少收入(Neumark 和 Postlewaite,1998)。

3. 收入比较

大多社会比较都直接或间接与收入有关,收入除满足消费外还可宣示社会阶梯的位置。由于收入他人难以知晓,因此为了享受高收入带来的高尊荣,就须通过特定消费行为宣示。如此收入就成了一个社会评价工具——量化身份地位或自我价值的指标。进化心理学认为,男性喜欢积累和展示自己的财富比他人的多,原因在于能够吸引女性注意,这与雄孔雀开屏如出一辙。就如著名政客基辛格所言:我之所以喜欢权力,是因为权力能够吸引女人……生物学也认为,对于一个雄性动物来说,一旦超越了绝对最低生存标准,生存和繁殖就取决于相对地位。只有拥有统治权的雄性才能独享接近全体雌性的权力。现今男性对体育竞技的崇拜,也可部分追溯到雄性竞争中"胜者拥有一切"的生物因素(Deker et al,1999)。

当衣食无忧时,通过消费宣示社会地位比满足物质欲望更重要。人一掷千金购买奢侈品,并非是欣赏产品"艺术性"和注重产品"实用性",而是看重产品的高价格,"不买最好的,只买最贵的",以此宣示自己拥有高收入。"我拥有什么"成为宣示"我是谁"的身份证,决定了"我"是被尊敬还是被歧视,因此"商品世界异化成一个社会化的身份定位世界"。

显然,人非常注重自己在收入阶梯上的位置。绝对收入水平不是最重要,最重要的是自己相对他人的收入,正如纽约时报的头条标题——现在是有钱人嫉妒更有钱的人。人关心自己在社会中的位置,并不是古老人性发生了变化,而是随着交通、通信、媒体的发展,人掌握的信息和社会交往大量增加,以及社会比较范围的不断扩大,这些使得人在社会位置的重要性大大增加。

人喜欢在收入方面进行比较,说明在衣食无忧的情况下,收入增加所增加的幸福感有限。Blanchflower 和 Oswald(2000)发现,如果一个国家平均收入与个人收入增长幅度相同的话,那么该国平均收入增长带来的幸福感,比个人收入增长带来的少1/3。每个人的收入增加相等,就会有0.798的比例"漏出",由此表明,收入增加或物质福利的增加对经济满意度来说作用不大。

Hagerty(2000)指出,为何富裕程度增加不能带来更多的幸福感,原因就是贫富差距扩大。一般来说,收入分配更均等,并且很少有人超过自己的收入,人就会感觉自己更幸福。这就是为何在"二战"期间,尽管经济状况不佳,但国民较少感到不满,因为此间尽管自己绝对收入下降了,但其他人收入也下降了,相对收入并未有太大变化。

Solnick 和 Hemenway(1998)对哈佛大学公共健康专业研究生进行的一项"收入调查"或许可说明很多问题。调查要求被调查者在下列两种情境中做出选择。

A. 你挣5万美元,其他人挣2.5万美元。

B. 你挣10万美元,其他人挣25万美元。

尽管情境B要比情景A多得5万美元,然而调查结果却表明,超过50%的被调查者还是选择了A。由此说明,这些被调查者对于他人的收入非常敏感。人对收益和损失的评判来自社会比较,其中也暗含着这样一个事实,人追求金钱的动力来自嫉妒和攀比,并非完全来自物质生活需要。当然,或许也可将"嫉妒"看作人渴望超越他人,至少是不落后于他人的一种心理。你是高人一等,还是低人一等,都取决于社会比较的结果。只要相对收入高一点,绝对收入低些也无所谓。

由此表明人非常看重相对收入高低,而非绝对收入多少。由此也可推断,资本主义社会的穷人没有原始社会的富人幸福,尽管前者的财富要远远多于后者。人对相对收入非常敏感,幸福感也取决于相对收入。Layard(2005)就认为,富人的幸福感来自相对收入增长,而非绝对收入增长,个人的幸福感与竞争对手的收入负相关。

一个对增进幸福感非常重要的调查是,尽管人对他人的收入很敏感,但对他人的休闲时间却不敏感。Solnick 和 Hemenway(1998)的"假期调查"证明了这点,调查要求前面"收入调查"同样的被调查者在下列两种情境中选择。

C. 你有2周假期,其他人只有1周假期。

D. 你有4周假期,其他人却有8周假期。

调查结果表明,仅仅只有区区20%的被调查者选择了C情境。

以上两次调查的结果表明了这一点,人喜欢炫耀,从而喜欢进行收入和物质消费方面的比较,而对没有炫耀作用的精神消费方面,却较少或不会进行比较。然而,物质消费方面的比较会给人带来极大的痛苦。

6.3 社会比较的痛苦

社会比较让大多人感受到的是痛苦,因此,一个国家的社会比较越多,国民幸福感自然也就越低。

1. 向上比较让人不满足已拥有的东西

向上比较造成人期望得到的东西多于拥有的,进而体验到不满。现代媒体广告和科技发展助长了向上比较。现今人很容易从电视、报纸、网络等中看到大量"荣华富贵"的生活,尽管这些描绘多是虚构的,但无形中还是极大地提高了向上比较的标准和数量。

人的相貌本服从正态分布,然而媒体广告、电视中却充斥着大量"美女",让人误以为"美女"很多,如此无形拔高了美丽标准,其结果就是对自己相貌不满者大增,原本相貌尚可的女性也会焦虑、抑郁。如果看到他人拥有而自己没有的东西时,就会体验到不满,这种感觉极易引发犯罪。Hennigan 等(1982)分析了美国电视普及与犯罪率间的关系。1951 年电视普及时,一些城市盗窃罪出现大幅增长,而在其他城市,由于政府控制使得电视普及时间推迟 4 年,同样当这些城市电视普及时,盗窃罪也出现了大幅增长。O'Guinn 和 Shrum(1997)研究了观看电视对美国公民财产估计间的关系。结果表明,看了更多像《Dynasty》和《Dallas》电视节目的人,更可能高估美国家庭拥有热浴盆和仆人的数量。电视节目使得大量看电视的人对巨大财富更易抱有不切实际的想象,媒体向人提供了一个有缺陷的资料库。

当然,作为科技进步产物的电视并非不好,重要的是如何运用这种工具,换言之电视应传播什么内容值得探讨。出于减少社会比较的考虑,起码应少播一些情节胡编乱造、化妆浓妆艳抹、表演装模作样,容易引起攀比、嫉妒、仇恨的节目,多播一些富有启发性、知识性、趣味性的社教类节目,以及提高人情操、抒发人情感的文艺类节目,这些节目可增加人的长期幸福感。

2. 相近比较让人感受到负向刺激

人对与自己相似、相近的人的状况特别敏感,如果他人比自己强,就会感到沮丧和自尊受到伤害。Clark 和 Oswald(1996)研究表明,自己同事工资的增长,将抵消自己工资同样幅度的增长带来的工作满意度增加。Layard 的研究也表明:你身边人收入增加 1%,其幸福感就会减少 1/3。人偏好相近比较也说明,相对于国际收入差距而言,一个国家内部收入差距对个人幸福感的影响更大。因此,从增加幸福感这个角度来讲,减小国内收入差距要远比国际竞争中获胜重要。

3. 收入差距大强化了人的社会比较

美国大学最初设立社会科学系的原因,就是要说明人的行为不是由其品行造成的,而是个人控制之外的恶劣社会环境造成的。人首先是环境中的生物,环境塑造人的行为。著名心理学家 Zimbardo(2004)形象比喻道,如果将一个好东西放进一个劣质桶里,这个桶会将其内的所有好东西腐烂。从社会比较来说,收入差距过大就是一个不良的社会环境,身处其中很容易激发出更多的社会比较心理,提高社会比较标准。按前景理论中的参照依赖,收入差距过大会形成一个更高的参照点。无疑,在收入差距过大的情形下,人更偏好进行社会比较,由此也意味着更痛苦。这可表现在 3 个方面。

(1) 本人不满的痛苦。在一个收入差距大的社会,炫耀品的符号作用远比贫穷社会大,因此这类产品也被称为地位产品(positional goods)。由于现代媒体广告不断通过煽情激发出新需求,致使人的焦虑感和不安感也更强。因此,在一个收入差距大的社会,人就有持续购买地位产品的动机,以维护身份地位,Frank(1998)将其称为一种"奢侈的热病(Luxury Fever)"。在这种热病背后潜藏着失去地位的恐惧。美国中产阶级中就广泛存在着"地位恐慌",其原因就是象征地位的轿车和漂亮服饰已被劳动阶级消费,为了保持地位,只好购买更昂贵的地位产品。心理学也表明,在收入差距大的社会,人更看重名声、金钱、体面,这也导致人更容易焦虑、抑郁和性格扭曲。事实上,速成的名声一文不值。Schopenhauer(2020)指出:"名声越是晚到持续时间越长——'优秀'需要时间成就。流芳后世的名声像橡树,成长缓慢;盛极一时的名声像一年生一年死植物,持续很短;而虚假的名声更是昙花一现便消亡不见。"尽管如此,现代社会很多人对于成名却是迫不及待,甚至不择手段,如自我营销。

(2) 他人不满的痛苦。地位产品属于污染、垃圾一类的恶品(demerit goods),具有极大的负外部性。在一个收入差距大的社会,富人的骄奢淫逸降低了他人对已拥有东西的满意度。Layard(2007)将这种降低视作富人给他人制造的最大负外部性,个人追求高收入可获得幸福,两者相关系数为 0.15,但社会从高收入中获得的幸福远比个人的少,个人幸福感与社会幸福感增加之差就表明了负外部性的数量。这种巨大的负外部性意味着地位产品给他人带来极大的痛苦。

(3) 社会净痛苦增加。或许社会比较并非一无是处,但从总体看,社会比较的结果必然是极少数人幸福而大多数人痛苦,因此社会比较的结果是净痛苦,这可从 3 个方面看出:①从人数方面看,社会比较的结果必然是胜者少败者多,自然痛苦的人多;②从情绪方面看,由于损失厌恶心理,即使胜者与败者人数相同,整体上胜者获得的幸福也要远少于败者遭受的痛苦;③从合成谬误(fallacy of composition)方面看,个体买豪车确实很风光,但群体买豪车效果就会抵消,如此人花了更多钱但结果还同以前。从以上 3 个方面可看出,总体上社会地位博弈的结果只能是负和博弈。在收入差距过大的社会,地位金字塔的层级更多,社会比较也更多,地位竞争也更激烈,结果社会总体体验是净痛苦增加。

综上可知,社会比较天性让多数人体验到痛苦。由于该天性会伴随人一生,那么在这动态的比较过程中,谁能保证自己一直成功?即使通过比较获得效用,其时间也是短暂的。因此,收入差距大时,社会比较也会更多,最终带给人的痛苦也会更多。

6.4 幸福启示

社会比较会给人带来很大的痛苦,要想避免这种痛苦,要想生活幸福,上面的分析至少可给人两点启示,既然社会比较难以避免,那就应多选择向下比较,同时也应多享受精神产品消费。

1. 选择向下比较

在高密度的拥挤生活环境中,如大学宿舍、监狱,社会比较可降低人的控制感,也是压力荷尔蒙释放、高血压等问题的根源(Fleming,1987;Osffeld,1987)。可以说生活中的很多烦恼就是来自社会比较时的向上比较。当人的财富、地位或事业上升时,就会提高对自己成就的评价标准,也就是选择向上看,而不是向下看(Gruder,1977;Suls 和 Tesch,1978),这让人感到不满。因此,一个人要想感觉好一些,可多跟那些境况更差的人比较,如承受病痛煎熬的人、人际关系紧张的人、遭遇贫困折磨的人(Affleck et al,2000;Buunk et al,2001;Locke,2003)。

Dermer 等(1979)通过实验证明,向下社会比较具有正向效应。实验对象为威斯康星大学密尔沃基学院的女生,将她们置于一个假想的剥夺情境中。在看完了 1900 年密尔沃基市人的悲惨生活描述后,或想象并写出自己被焚烧、被毁容情形后,这些女生对目前的生活感到更满意。在另一个实验中,Crocker 和 Gallo(1985)发现,同那些实验中完成"我希望我是……"句子的被试相比,那些完成 5 句"我很高兴我不是……"句子的被试,她们在此后的测试中,表达出更少的抑郁、更多的生活满意度。

人或许也懂得向下比较的益处。当身处困境时,人力图在茫茫的黑暗之中找寻点点星光,通过与更加不幸的人比较,来提升自己的自尊(Gibbons et al,2002)。意识到还有人的处境比自己更糟糕,可让自己更看重已拥有的幸福,并且明白自己也许并不需要那些"东西",如名、利、权。正如一则波斯谚语所云:"我正为没有鞋穿而感到沮丧,直到我发现有人还没有脚。"

2. 享受精神产品

社会比较需要占有或消费产品显示身份地位,然而,在显示身份地位方面,精神产品与物质产品两者存在很大差异,人很容易进行物质产品的比较,而较少进行精神产品的比较,这方面的研究很多。

Fery(2008)将产品的属性分为内在属性(intrinsic attributes)和外在属性(extrinsic attributes),他认为物质产品具有较强的外在属性,如象征身份、地位、威望的产品和收入;而精神产品具有较强的内在属性,如休闲、社交、养花、阅读等产品。与此类似,Frank(1985)从消费的角度将产品分为两类:一类是显性消费(conspicuous consumption),也就是物质方面的消费;另一类是隐性消费(inconspicuous consumption),也就是精神方面的消费。显然,尽管以上两位学者表述不同,貌似分类不同,但都有一个共同点,就是认为物质产品具有较强的外显功能,可用来炫耀并极易引起社会比较,而精神产品则相反。

尽管不同学者的分类看似不同,但究其实质来说,分类标准其实基本相同——依据产品显示作用大小,而且针对的问题也相同——不同产品激起的社会比较不同,最后的结论也相同——物质产品很易引起社会比较,而精神产品则不易引起社会比较。

为了表述和分析上的方便,这里可将产品的属性分为两类:外显性和内隐性。

相对于精神产品来说,物质产品消费具有更多外显性,如别墅、轿车、手表、手机、首饰、服装等产品,这种强外显性源于强可比性。

(1)物质产品差异显著。物质产品为有形产品,差异很容易识别,如服装,人在购买服装后,除价格外,还很易在款式、色彩、面料等方面进行比较,因而对幸福感的影响也就较大。

Carter 和 Gilovich(2010)的实验就证明了此理,二人让被试想象:他人以同样价格购买的同款产品比自己的好,一组被试购买的是物质产品笔记本电脑,而另一组被试购买的是精神产品旅游套餐。结果显示,购买笔记本电脑组的被试与旅游套餐组的被试相比,前者报告的满意度显著低于后者。

(2)物质产品能够保存和占有。物质产品是一种"此时此地"客观存在的物体,因而可长时间"保存和占有",如住房、轿车、珠宝等耐用消费品,由此更易于进行比较;而精神产品是一种无形、主观的"过程与经历",只能在连续、有限的时间内享用。经历是一种体验,存在于人的记忆中,难以进行比较,如旅游,人出行的时间、路线和旅伴不同,其间发生事情的不同,经历和感受也就不同,这些体验是无形、异质、无统一标准衡量的,因此不易引起比较,从而较少产生后悔、失落等情绪。

Eaterlin(2003)指出:"由于拥有物质产品容易引人注意,因而容易进行确切比较。相反人的健康和家庭生活状况不易受到公众注视,因而难以进行确切比较。"正是因为物质产品的强外显性,让人很喜欢进行物质产品的比较,并愿为此付出很高的代价,相反,精神产品的强内隐性让人不大进行精神产品的社会比较。

人偏好物质产品的社会比较,前面 Solnick 和 Hemenway(1998)"收入调查"中已经进行了反映。然而,还是那些被调查者,在"假期调查"中又发现,这些人在享用精神产品方面却较少进行比较。

同样,Solnick 和 Hemenway(1998)对瑞典 18~66 岁者随机采访发现,收入和生活必需品、高档消费品具有很强的地位特征,即相对地位决定了其满意度和效用水平,而汽车安全性和闲暇时间具有较低的地位特征,其效用水平主要来源于绝对量。尽管以上调查得出的结论很简单,但对人的启发却是巨大的——为了生活幸福必需减少具有外显性的物质产品消费,增加具有内隐性的精神产品消费。

物质产品的外显性很容易激起社会比较,相应地也容易激起大多数人的嫉妒、愤恨、焦虑、压抑、自卑、受挫等负向心理和情绪,对他人幸福感具有较大的负向影响。Kasser 等(2004)研究表明,过分注重物质消费者与不太注重者相比,前者更自恋,更喜欢与人比较,更缺乏同情心,也更容易与人发生矛盾和冲突。事实上,出于虚荣心的攀比是一种极度自卑的表现。一个拥有自己精神世界者,内心会十分强大,自己就是自己精神王国的国王,无需向他人宣示,无需得到他人认可。Russell(2020)指出:"人之所以会有虚荣心主要是不自信,根治的办法就是培养自尊心。只有从一些好的、因对客观事物产生兴趣而引发的活动中才能培养出自尊心。"对客观事物饶有兴趣、好奇,你就有了精神王国,你就成了国王。

与物质产品相反,精神产品具有更多的内隐性,这种内隐性决定了人不易引起社会比较,如冥想、求知、健康、锻炼、交友、度假、阅读、信教、发明、运动、写诗、欣赏音乐、绘画等不胜枚举的活动。因此,精神产品本身可给予人极大的幸福感。

Millar 和 Thomas(2009)研究发现,在物质产品消费中,高物质主义者与低物质主义者比,前者幸福感更高,然而,在体验消费中,物质主义程度与幸福感不相关,而且无论是高物质主义者还是低物质主义者,其体验消费感受到的幸福感皆高于物质消费。Nicolao 等(2009)的有关研究同样表明,在中国和美国,消费者通过体验消费感受到的幸福感远超物质消费。

上述现象也被称为"体验优先(experience recommendation)"——将收入用在体验与经历方面所得的快乐比物质产品高。Howell 和 Hill(2009)研究表明,社会比较与主观幸福感负相关,由于体验消费可减少社会比较,因而可提高国民幸福感。

物质产品消费越多,激发的社会比较也越多,负外部性也越多,结果是一个负和博弈。而体验会随着时间的推移变得越来越美好,可产生较大的记忆效用;体验消费更易分享,由此说明体验消费具有正外部性。精神产品还可更好地满足人的精神世界需求,让人感到自信、自尊、自豪、心绪平和、精神满足,这是人类更深层次、更高境界的追求,可提升个人文化素质,提高社会文明程度。即使精神产品引起了社会比较,但大多也不具有负外部性,甚至还具有正外部性,结果是一个正和博弈,因而会增进国民幸福感。

3. 享有社会福利

前面关于损失厌恶的介绍表明,在一个不确定情境中生活,缺乏安全感让人感受到负体验效用和期待效用。为此,如果拥有社会福利,就可极大地消除这些方面的负效用。事实上,享有社会福利还可减少社会比较心理,进而减少社会比较产生的痛苦,这是由社会福利特点决定的。

(1)社会福利权利的普遍性和平等性可减少社会比较心理。普遍性和平等性是一切社会权利的基本属性。社会福利权利的普遍性意味着在医疗、养老、教育、失业、济贫保障方面,人皆享有同样的权利。社会福利的平等性意味着不分高低贵贱人皆拥有同等水平,二者可消除人享有社会福利的权利差异。差异意味着高低好坏,易激起比较心理,而一视同仁的社会福利可消除这些方面的比较。广泛的社会福利可消除不同职业、职级间的福利差异,因而也就可减少人在职业、地位、身份方面的社会比较。有些国家人特别偏好公务员职业,原因除劳动强度低、依法行政差、自由裁量权大、寻租机会多外,就是该职业的福利待遇特别好。如果任其不同职业、级别间福利差异存在,实际上就是一种特权,就会人为地激起社会比较,如此既违背了人人生而平等的公理,让人极其痛苦,也是一种人才资源的浪费。众多高素质的人去从事简单、程式化的行政事务性工作,实在不利于劳力资源的优化配置。

(2)社会福利范围的广泛性还可减少社会比较的范围。由于社会福利的普遍性和平等性可减少社会比较心理。因此,社会福利的覆盖范围越广泛,社会比较的范围就会随着社会福利范围扩大而减少,痛苦自然也就减小。从经济的社会目的来说,社会福利的范围并非固定,从人生的终极目的考虑也不应固定,相反,还应随着经济增长或人均税收增加而不断扩大,逐渐向福利社会转化。事实证明,社会保障由最初的单一救济作用,逐步发展成现在广泛的社会福利,其间就是一个痛苦不断减少的过程。

7 享乐适应

7.1 享乐适应概述

享乐适应(hedonic adaption)指一个持续不变或重复的正向刺激会逐渐降低人的幸福体验。享乐适应在行为经济学和幸福经济学研究中都有体现,特别是在后者中,幸福经济学研究表明,享乐适应是影响幸福感的三大因素之一。心理学家 Brickman 和 Campbell(1971)的研究表明,由于个体和群体都会出现享乐适应,因此更好的客观生活条件,如更多的财富和收入,并不能增加幸福。因此为了避免享乐适应,要学会喜欢变化,寻求变化,享受变化,为此就需消费精神产品。

1. 低估适应能力

享乐适应源于人的一种非常重要、普遍的心理——适应(adaptation),对于没有变化的刺激人的敏感性会逐渐降低。认识适应效应的存在,有利于人正确看待生活中的得与失,不以物喜,不以己悲。

事实上,人非常熟悉适应效应,常言道,入芝兰之室久而不闻其香,入鲍鱼之肆久而不闻其臭;从漆黑影院到阳光明媚户外双眼的感受,这些都反映了嗅觉和视觉的适应。适应效应意为一个持续不变或重复的刺激会让人感觉迟钝、僵化。适应是一个与人的生理、大脑记忆和注意力转移相关的普遍心理现象。习惯化或适应是神经作用的结果,人天生就对新奇的事件敏感,当事件不再提供新信息时,神经也就不再反射了。一个正向刺激可产生一种偏离正常状态的正向情绪,让人感到幸福,但不久又会适应。通常在一个健康范围内,偏离正常状态的正向情绪持续时间不会太长,强度和幅度也不会太大,否则人就会出现情绪失控,机能失调,生理功能下降,如范进中举时的乐极生悲。

尽管适应效应在生活中大量存在,然而,人对其了解和重视并不够。苏格兰作家和诗人 George MacDonald(1886)曾说:"当一种感觉存在的时候,他们感到它好像永远不会离开;当它离开以后,他们感到它好像从未来过;当它再回来时,他们感到它好像从未离开。"此言极是,忽视了适应效应,人往往就不能准确预测自己的感觉。

Wilson 和 Gilbert(2003)的"情感预测偏差"研究表明,人很难准确预测自己情感的强度和持续时间。沉溺于二人世界中的甜蜜情侣往往乐观地预言其关系会天长地久,二人只看到积极的方面,感觉肯定会永远是恋人,而事实上朋友和家人对他们的了解常比他们彼此了解更好。Ross(1997)对滑铁卢大学学生的研究表明,对恋爱关系的预测,学生父母和室友的预测往往更加客观、准确。同样情感预测偏差也体现在人常被电影中的故事所误导,许多电影强调的是寻求真爱,二人历经磨难终于走到一起,电影最后也在二人的热吻中落幕。感动、激动之余,人们会不加思考地以为二人从此过上幸福美满的生活。一个被人忽视的问题是,现实生活与电影故事存在巨大差异,电影落幕之时也意味着枯燥、繁琐的家务劳动以及承担赡养父母、养儿育女责任的开始。事实上,真正具有挑战性的是婚后而非婚前能否过上幸福美满的生活,不是么?婚前不幸福的很少,婚后不幸福的很多。但爱情电影中的故事往往在婚前结束。

  对适应效应来说,需要特别牢记的是:人常会低估自己的适应能力,因而在预测情感强度的持久性方面常会犯错,Wilson和Gilbert(2003)将这种现象称为"持久性偏差(durability bias)"。人往往会错误地预测自己谈过一场恋爱、收到礼物、错过选举、赢得比赛的感觉(Gilbert和Ebert,2002)。大部分人都有过这样的体验,实现自己渴望的目标,如成为富翁、获得冠军、拥有名望、手握权杖等,无疑这些正向刺激最初能够让人体验到强烈的幸福感,然而,好景不会太长,这种感觉消失得很快,罗斯福在第4次当选总统时就感到枯燥、乏味。结婚有了爱情的结晶,男女双方都会体验到非常高的幸福感,然而,大多两年后,双方又会回到先前的幸福感。在美国,大学新生搬进学校宿舍前,会对住宿条件的满意度进行预测,将注意力集中在外在物质条件方面,很多学生都这么想:"能住在一个出入方便的寝室是我最开心的事。"然而,事实证明其错了。一年之后,当对他们进行重新调查时,Dunn等(2003)发现,反而是社会因素,如团体的归属感对他们的幸福感影响最大。事实上,接到大学录取通知书的一刻与大学学习两年后的感觉就大相径庭。

  由于人经常无法正确预测自己的适应能力——至少无法预测会适应得那么快(速度),那么好(程度),因此适应常会成为决策的障碍。为了避免适应导致的决策偏差,Osberg和Shrauger(1986,1990)的提议是:"可以肯定的是,你的未来有时候甚至连你自己都很难预测,因此,当进行自我预测时,最好还是要思考一下过去在相似情境下的行为。"

2. 适应的双重性

  前面讲了人对正向事件的适应,其实,适应是双重的,人不仅能够很快适应名、权、利,也能很快适应各种痛苦、磨难,事实上,时间可以治愈一切。由此告诉人这样一个道理,生活中无论遭遇到多么大的快乐和痛苦,既不要大喜,也不要大悲。

  适应了正向刺激,人就不会感到幸福,相反适应了负向刺激,人也不会觉得痛苦。Gilbert和Wilson(2003)认为,人往往会忽视自己心理免疫系统具有的速度和力量,他们将其称为免疫忽视现象。在心理免疫系统的作用下,人对各种失败的适应远超自己的预期,如失恋、残疾、考试失败、失去职位和个人与团队失败。然而,人存在的一个普遍认知偏差是,在负向事件出现以后,人往往很容易表现出"持久性偏见"——高估负向刺激影响的持久性。

  负向事件并非人想象的那般痛苦,这可通过一个更加现实和简单的实验加以证明。Gilbert和Wilson请人想象:如果自己失去了非优势手,1年后感觉如何?你可能会想象:不能拍手,不能系鞋带,不能打篮球,不能拉提琴。尽管你会为失去手感到遗憾,但在事件发生后,你的幸福实际上只受到两件事的影响：一个是失去手；另一个是其他事。过分关注负向事件会让其他事件对幸福的贡献大打折扣，因而也就会高估自己的痛苦。事实上，你所关注的任何事都不会带来和你认为的那样大的差异(Schkade 和 Kahneman，1998)。

  Eastwick 等在为期 38 周的研究中，研究了大学生失恋的痛苦。他们首先询问这些热恋中的大学生：如果分手感觉会如何？学生全部预测非常痛苦。一段时间后的确有学生分手了，接着问这些分手的学生：失恋的感觉如何？研究人员比较了这些人先前的预测以及失恋后的实际感受。结果显示，分手的痛苦并未有先前预测的大，也未有先前预测的时间长。Gilbert(1998)就曾让教授的助手预测，自己得到或未得到职位几年后的感觉，多数人认为得到职位对未来的快乐非常重要，"失去工作会压碎我的生活目标，那是非常恐怖的。"然而，当事件过去几年后，调查结果却表明，未得到职位的人和得到职位的人具有几乎相同的快乐。在 Sieff 等(1999)的实验中，要求被试预测自己知道结果 5 周后的感觉如何，人之常情是，对坏消息感到痛苦，对好消息感到高兴。然而，5 周后同自己先前的预测相比，得到坏消息的被试较少痛苦，得到好消息的被试也较少高兴。日本经历了长达 30 多年的经济低迷，年轻人面临着就业难、失业率高的困境，物质生活相对不太富裕，按理说，年轻人应觉得不太幸福。可调查表明，现实中年轻人并未觉得有什么不幸福。原因在于他们没有经历过经济高速增长时期的繁荣，生来就生活在经济不景气的环境中，已经适应了这个环境，因此也就未觉得有什么不幸福。

  适应效应好的一面就是，一个人遭受到人生重大悲剧之后，如婚姻不幸、伤残、失业，最初他的幸福感水平会急速下降，随后幸福感又会很快地回归到先前的水平。更令人惊讶的是，Gilbert(2004)指出，由于重大负向刺激可激活人的心理防御机制，而轻微愤怒却不能激活这种机制，因此，有时重大负向刺激可能比轻微愤怒引发的痛苦持续时间更短，换言之，人有着极强的恢复力。重大刺激更容易让人振作起来，奋发图强，可谓不挫不勇，愈挫愈勇。

  巴黎经济学院(PSE)教授 Clark 等(2006)研究发现，对离婚、第一个孩子出生来说，人具有一个完全的适应，能很快恢复到幸福感的"设置水平"。当然，男女对于离婚的适应存在差异，如果一个人离婚了，那么，此人幸福指数就会下降 5 分，这比失去 1/3 薪酬的影响还要大两倍，但离婚 1 年后，男人一般基本就适应了，而女人则会继续痛苦。研究还表明，处于未婚状况者，包括从未结婚者、丧偶者、离婚者或分居者，他们的幸福感要大大低于处于婚姻状况者，不过他们中离婚者的幸福感低于从未结婚者(Easterlin，2003)。如果一个人分居了，其境况比离婚还要糟。如果一个人丧偶了，其境况更是比分居还要惨，这里表现出一个不对称的现象，人能够完全适应婚姻，但却不能完全适应丧偶，丧偶对人生活满意度的负面影响至少持续 10 年(Frederick 和 Loewenstein，1999)。

  在所有生物中，人的适应能力是非常强的，哪怕是遭遇瘫痪、失明和其他残疾的人，他们往往也能鼓足勇气，用乐观的态度面对不幸。他们适应了残疾，他们的生活满意度都达到了正常或接近正常的水平(Schulz 和 Decker，1985)。然而，在不了解适应能力的情况下，有人在面对死于车祸和忍受瘫痪的二选一中，可能宁愿选择前者，但事实表明，在不到 1 年的时间里，很多瘫痪的人就拥有了与正常人相同的情绪和情感(Bulman 和 Wortman，1977)。还有证据表明，盲人、智障人和畸形人，其对生理身体状况不便的适应能力，要比大多数人想象的好

(Cameron,1972;Cameron et al,1976)。

对第一次遭遇解雇的人来说,失业引起的精神成本非常高,但对那些曾遭遇过解雇的人来说,失业遭受的精神损失要少一些。由此表明,从某种程度上说,失业者已习惯了失业。不过与女性相比,男性根本不能很好地适应失业(Clark et al,2006),原因或许可用 Van praag(2009)的研究解释,工资对男性来说比女性更重要。就德国情况而言,研究发现,对于50岁以上的妇女来说,失业没有减少她们的生活满意度(Gerlach 和 Stephan,1996)。

显然,对生活中的普罗大众来说,其未能预期到或知晓这点:适应的双重性也可让痛苦感减少和消失,特别是减少和消失的速度很快。因此高估负向事件带来的痛苦感,结果只会自寻烦恼,甚至是加重烦恼。

7.2 享乐适应对幸福感的影响

7.2.1 享乐适应降低幸福感

享乐适应与一个社会的经济发展水平并无关联,因此,无论是发达国家还是发展中国家都存在着享乐适应。然而,由于发达国家的物质产品消费更多,因而享乐适应的产品数量和范围也要更多和更广。

享乐适应对人幸福感的负向影响可通过一降一升两方面表现出来:一方面,处于适应之中,敏感度递减会降低人的幸福感;另一方面,完全适应之后,愿望水平上升又会让人感到不满。

1. 敏感度递减降低幸福感

人的直觉告诉我们,我们想要,我们得到,我们幸福。然而,处于适应之中,对正向刺激的敏感度会逐渐降低,从而幸福感也会逐渐降低。由于人往往低估甚至忽视享乐适应的作用,因此就会高估目前正向因素对未来幸福感的正向影响。人对收入增加的适应就很快,一个典型例子就是博彩中大奖。美国纽约州的彩票广告往往激起了彩民的无限遐想:如果中奖,我就要买下我的公司,解雇我的老板。然而,对于大奖获得者来说,想象中的兴奋仅持续了1周,几年后,这些人并未比中奖前幸福,或在某些方面还不如中奖前幸福。Briekman 等(1978)的研究就显示,大奖获得者在中奖1年后,其平均幸福感并未比普通人高。

享乐适应作为一种心理和生理现象,存在于人对正向事件的感受或体验之中。幸福经济学研究的一个核心问题,就是人对不同事件的享乐适应程度或时间存在着非常大的差异,有的产品能完全适应,有的则不能完全适应,有的可很快适应,有的则需较长时间。

人对收入和物质产品的享乐适应就非常完全和快速,有关这方面的研究非常多。美国综合社会调查(GSS)表明,收入变化对幸福感的影响要大于收入水平。Herwaarden 等(1977)的研究表明,对于较高收入阶层者,其收入增加所增加的效用,60%会随着时间推移而消失。Deci 等(1999)的研究也表明,收入增加的满足感持续时间非常短。后来 Layard(2005)研究也证明,在收入增加所增加的效用中,其中2/3会被享乐适应和负外部性抵消,因此,从总体上看,经济增长和收入增加所增加的幸福感很少。同样,Pugno(2004a;2007)的研究再次表明,人对收入和物质产品的适应很完全。当人经历 1 次收入增加时,最初效用水平会随之上升,但约 1 年后,所增加的效用大部分会完全消失。以上研究都表明,经济增长可带来收入和物质产品消费的增加,但并非必然带来幸福感增进,更不可能带来长久增进。因此,享乐适应被认为是产生"幸福收入悖论"的一个非常重要原因。

物质产品消费可带来舒适,但舒适与幸福不同,尽管一个持续不变或重复的正向刺激人会适应,但也能感到舒适。Scitovsky(1976)指出,最大舒适感是刺激引起的兴奋水平或大脑唤起水平(也就是大脑处理信息负荷的变量,负荷越高唤起水平越高)保持在最优唤起水平,而幸福感则产生于唤起水平向最优水平靠近,这种靠近是一个唤起水平上升或下降的变化过程,在此过程中,人可同时感受到幸福和舒适。当唤起水平停留在最优水平时,人感受到的舒适和幸福达到最大,此时没有了唤起水平接近最优水平上升和下降的变化过程,加之随后的边际敏感度会递减,使得最大舒适与幸福感难以两全。如此就会形成一个两难选择,享受最大舒适就不能享受幸福,而享受幸福就不能享受最大舒适。

最大舒适开始给人的心理感受是轻松闲适,不久就会感到枯燥乏味,最后就会感到无聊的困扰,毫无幸福感可言,但注意此时的心理感受并不排斥身体的最大舒适。因此,枯燥乏味后,人都希望得到一个小小的刺激提高唤起水平,而持续刺激后,人又往往希望唤起水平不变,以享受一段平静时光。幸福体验就是存在于唤起水平高低交替的变化过程中,通过刺激的变化减少边际敏感度递减的作用,这种唤起水平高低交替的平均水平达到的最优唤起水平就是最大幸福。

由于唤起水平变化来自刺激变化,因此,幸福感也就是来自刺激的脉冲式变化,犹如紫罗兰花香。紫罗兰花香极为特别,其含有的紫罗兰酮可让人嗅觉短暂失灵,因此闻到芳香后嗅觉会短路,一两分钟后嗅觉又会恢复,芳香又会扑鼻而来,这就是人为何能闻到紫罗兰的阵阵芬芳,而其他花卉却不行,如兰花,入芝兰之室久而不闻其香。如同兰花花香,随着经济增长,收入或物质生活水平的提高,这种持续不变的正向刺激可带来生活舒适,但由于享乐适应作用,边际敏感度递减却不能带来高水平的、长时期的幸福感。

戒断反应的存在也使得追求舒适会背离幸福。随着收入水平提高,物质需求满足可带来舒适,人对这种舒适会上瘾。Scitovsky(1976)就认为:"不仅烟草、毒品、酒精会让人上瘾,所有消费品都会以不同方式让人上瘾。……消费者上瘾模式的存在是由于人没有认识到一个事实或认识到太晚——舒适增加没有让人更幸福。"原因在于人对物质需求满足带来的舒适会适应,而失去了这种需求满足又会出现戒断反应,让人难受。人对于地位产品的满足也是如此。由于地位取决于挣钱和花钱的数量,因此,人对收入减少甚至可能减少就会感到痛苦。由此说明追求地位具有成瘾性,获得地位会产生满足,但很快就会适应,而失去地位又会产生戒断反应,让人极其痛苦。

简而言之,对于很多一成不变的正向刺激,人的感受会边际敏感度递减,出现享乐适应,而失去这种刺激又会出现戒断反应,这种双重作用让人很难感受到幸福,特别是长久幸福。

2. 愿望水平上升导致不满

哲学家 Schopenhauer(2020)曾形象比喻道:财富就像海水,越喝越渴,名望也是这样。同样地,美国思想家、作家 Emerson(1860)说过,欲望是一个越长越大的巨人,而财富的外套永远显得过小。心理学家 Brickman 和 Campbell(1971)也指出:"当我们沉浸在成就带来的满足感时,这种满足感会迅速消退,最终取代它的是一种冷漠和更高程度的努力。"三者都说明人对财富、名望、成就会适应。敏感度递减让先前感觉良好的正向刺激,现在变成一种中性刺激,很快就会体验到一种枯燥乏味出现享乐适应,适应之后人的愿望水平最终也会升高。

依据愿望水平(aspiration-level)理论,个体幸福感是由愿望与成就的差距决定的。两者差距越大,人就越感受不到幸福。当人适应了某种正向刺激后,感觉就会平淡、迟钝、无趣,接着只有更大的正向刺激才能让人感到同等幸福感。这就说明出现享乐适应后人的愿望会升级。而随着愿望水平越来越高,目的就会越来越难达到,如此人就会感受到更多的负向体验。对于一种正向刺激来说,刺激量过小人觉察不到,也就产生不了感觉,在刺激量降低到最优唤起水平以下,人又会觉得痛苦;而刺激量保持不变人又会享乐适应,因此为了维持或增加幸福,就只有增大刺激量,由此就会生成新的愿望。

事件新奇性是刺激的重要来源。收入增加可产生新奇感,让人感到短暂的幸福。因此,收入增加比享乐适应后不变的高收入更能增进幸福感,不变的高收入无论多高都是如此,由此就表明愿望会随收入增加而升高。这种升高在经济学中的表现就是 Edgeworth(1967)所言,消费函数会随着过去的消费体验而改变。在行为经济学中的体现就是参考点变化,人反复经历同一事件就会逐渐适应,直至成为一个参考点,而后又会将新的经历与该参考点比较,详见图 7-1。

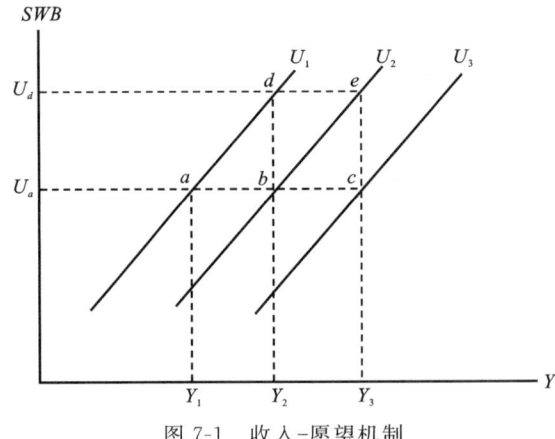

图 7-1 收入-愿望机制

在其他条件不变的情形下,在 a 点处,收入 Y_1 的效用为 U_a。如果收入由 Y_1 增加到 Y_2,效用就会沿着 U_1 由 a 点向上移到 d 点,效用也会上升到 U_d;如果收入增加后愿望也上升,效用函数就会由 U_1 移至 U_2,效用也由 d 点下降到 b 点,此时 Y_2 带来的效用依然为 U_a。如果收入与愿望成比例增加,那么收入由 Y_2 增加到 Y_3,效用函数也会由 U_2 移至 U_3,最后的效用依然是由 c 点决定的 U_a,而非由 e 点决定的 U_d。

Easterlin(2010)指出:"人类的适应使得收入与愿望在时间和空间上会逐渐趋于一致。在任何时点上,愿望离差与收入离差始终是相同的,经济增长提高了客观生活条件,但也提高了人评判生活条件的标准。"发达国家人们对物质欲望上升是免疫的。在幸福感研究方面卓有成效的著名 Leyden 学派经济学家 Van Herwaarden 等(1977)、Van Praag 和 Van der Sar(1988)研究发现,人的愿望会随收入增加而增加,对此,其运用"偏好漂移(Preference drift)"进行了解释。"偏好漂移"意味着满意度随收入增加而变化,收入增加所增加的福利更多是在事前而非事后。"偏好漂移"的影响贯穿于个人高收入的整个时期,其会"抵消"收入增加预期福利增加的60%~80%。如果再加上相互依存偏好的作用,那么"偏好漂移"就会"抵消"收入增加所预期福利增加的100%。Frey(2005a)直接研究了收入增加愿望与满意度的关系,结果表明,个人希望收入增加1倍的愿望,平均会减少生活满意度0.191。由此表明,人对收入水平存在享乐适应,适应之后愿望水平就会上升。显然,一旦人适应了既定的收入水平,愿望水平就会上升。结果在整个生命周期中,这种上升使得人实际拥有的产品与期望得到的产品比率保持不变,也就是从长期看,随着物质产品消费的增加,幸福感却并未增进。

愿望水平升高除了受自身享乐适应影响外,当然也受到当今传媒和广告的影响。由于物质产品消费易出现享乐适应,因此,厂商就热衷于制造满足人幻想的产品美学表象,打着市场营销旗号进行煽情。在广告充满魅力的幻境中,诱导人投射其中,激起其新的愿望水平,以便销售所谓的"新"产品。结果是"产品的真实成分越来越少"——广告费用占价格中的比例越来越高,消费者买产品事实上是在买广告,但其"需求"却受到了营销编织的美妙、虚幻图景欺骗,伸手去抓时又总是一手空。这就如希腊神话中主神宙斯(Zeus)之子坦塔罗斯(Tantalus),永远遭受着目标可望而不可及的痛苦和愿望无法满足的折磨。

当今的时代远非古典经济学所言的消费者主权时代,而是大公司通过传媒和广告塑造消费文化,以此激发大量不该有的欲望和伪需求,大公司牵着消费者鼻子走的结果,就是人想要的物品远大于自身的实际需要。1970年,美国有约2%的人想要一部以上的电话、3%的人想要第二台电视,20%的人想要第二辆汽车,然而进入21世纪后,由于传媒和广告不断制造需求,相应比例上升为78%、45%和59%,尽管第二件物品对于满足消费来说可有可无,但对满足愿望来说却是必不可少。愿望的不满足让人极其不幸福,庞大的广告费用实际上是在制造巨大的痛苦。

广告还经常玩弄文字游戏做虚假宣传。一个知名品牌的阿司匹林在广告中宣传自己的纯度为100%,并声称政府的检验显示没有任何其他止痛药比自己的疗效强。该制造商没有提到的是,政府检验的实际结果是,没有任何一个品牌的疗效比其他品牌要强或弱(Daryl Bem,1970)。

同样地,电视剧来源于生活,高于生活,故事描述大量失实。Gerbner等(1996)分析发现,总体来说,电视对现实的描述常常是一种误导:在黄金时段的节目中,男性与女性出现的比例约为3:1,而且女性总是比男性显得年轻无知;绝大多数人员是专业人员或管理人员,事实上美国劳力总数的67%为蓝领或辅助人员;电视上出现的犯罪行为是生活中的10倍。据此,美国作家协会主席Rintels(1982)说,电视每晚8点到11点都在撒大谎。尽管民意测验表明,绝大多数成年被访者认为,电视广告中含有不真实论据。然而,对于大多数消费品而言,喜欢购买特定品牌的理由只有一个,就是该品牌做了大量的广告。不过令人欣慰的一点是,民意测验结果表明,人接受的教育程度越高,对广告的怀疑就越大。

愿望水平升高除受到享乐适应影响外,还受社会比较的影响。本是平静如水的生活,当看到他人拥有而自己却没有的东西时,愿望水平难免不升,从而不满之感油然而生。由此对幸福感的影响来说,就会引发一个恶性的螺旋上升过程。人在现代社会的消费过程中,享乐适应与社会比较、消费竞争、愿望水平会形成一个相互影响的铁三角。或许这里可将其表示为这样一个螺旋上升:由于享乐适应和社会比较让人感到不满,愿望水平随之上升,为满足新的愿望,就必须在激烈的消费竞争中付出大量成本,包括精神成本和经济成本。然而,即使获胜不久又会出现新的享乐适应和进行新的社会比较,结果又会激发更高的愿望,又需要在更激烈的竞争中付出更多的成本,而即使获胜又会出现享乐适应和社会比较,如此又必须付出更加多的成本,参与更加激烈的竞争……结果呢,在一个衣食无忧的情形下,人生就进入到一种螺旋上升的不幸福闭环,如图 7-2 所示。

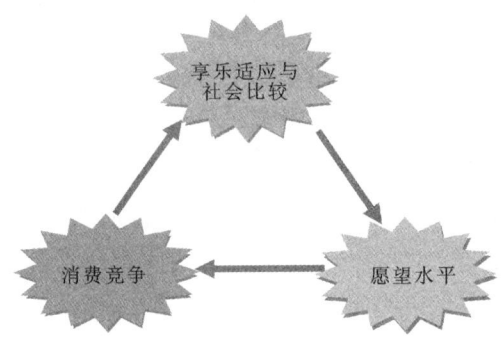

图 7-2 影响幸福感的铁三角

在这个螺旋上升的封闭循环中,大多数人不可能站在社会阶梯的最高端,却要为受到不断升级的愿望和激烈消费竞争的折磨,结果在这种无休无止、无穷无尽的循环过程中,幸福收入悖论悄然出现了:人花大量的时间工作挣钱,身心俱疲,结果钱是挣多了,但由于享乐适应和社会比较的作用,加之巨大的竞争压力,绝大多数人的幸福感却并未提高,典型的就是抑郁症大量增加。这种封闭循环犹如条条锁链,越来越紧地束缚了人的幸福体验,甚至会让人产生厌世的痛苦。从某种程度上说,增加国民幸福感就是要打破这种封闭循环。

7.2.2 幸福收入悖论的心理解释

Schopenhauer(2020)指出,人生是否幸福主要由主观意识判断,主观因素远比客观条件重要。幸福感作为一种主观心理感受,意味着心理因素特别重要,甚至可以说,无论什么影响因素,究其实质而言其影响最终还是通过人的心理感受表现出来。

前面分析了享乐适应和损失厌恶心理的作用,实际上还可将两者组合起来,分析对同一事件正反两方面变化其对幸福感的影响,这种心理分析方法如图 7-3 所示。任何事件的变化都可产生正向或负向刺激,如收入增加或减少,对于正向刺激,享乐适应和戒断反应让人不幸福;而对于负向刺激,如果难以适应,加之损失厌恶系数大于 2,两者都让人不幸福。任何事件都可运用这种联合解释,从而看出人为何难以体验到幸福,特别是长期幸福。

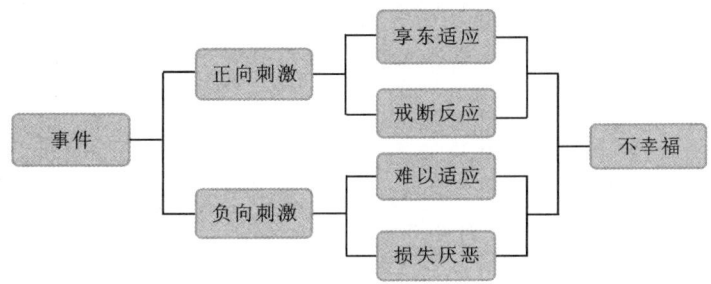

图 7-3 享乐适应和损失厌恶心理的联合分析

运用享乐适应和损失厌恶心理可从正反两方面解释幸福收入悖论。

从正面来说,人们生活在一个收入差距小、公平、社会平等、廉洁、老有所依、贫有所济、病有所医、难有所帮、空气清新以及社会治安好、风气好……的社会中,人对这些正向刺激或多或少会产生享乐适应,因而边际敏感度递减和愿望水平上升让其体验不到长期幸福。然而,如果失去这些正向刺激,又会出现戒断反应,让人痛苦。

从反面来说,人们生活在收入差距大、不公平、社会不平等、腐败、老无所养、贫无所济、病无所医、难无所帮、空气污染以及社会治安差、风气坏……的社会中,这些负向刺激会产生雪上加霜的痛苦:其一,人对这些负向刺激不能适应,更不能完全适应;其二,损失厌恶使得负向刺激的作用远大于正向刺激的,结果会感受到极大的负体验效用,而且这种体验是长期的。

此外,人对物质方面的社会比较也很难适应,往往喜欢比较,因而也常常体验到社会的痛苦;而损失厌恶决定了社会比较败者的痛苦要远大于胜者的幸福,结果从整个社会来说,社会比较的结果就是净痛苦。

运用人具有的享乐适应和损失厌恶心理,通过对同一事件进行正反两方面分析,可从一个全新的视角、更加清楚地看出幸福收入悖论的原因,从而为消除该悖论提供思路。

7.3 幸福启示

知晓了享乐适应对幸福感的负向影响,就可通过消除享乐适应,增进人的幸福感。总体说,就是要减少对正向事件的适应,增加对负向事件的适应。或者说,增加对正向事件适应不完全的活动,减少对负向事件适应不完全的活动。简单说,就是要学会喜欢变化,寻求变化,享受脉冲式的变化。

1. 享受精神产品

奚恺元指出,有 3 种情形人难以适应:一是极端情况,如 30℃水能适应,但 50℃水就无法适应了;二是社会比较;三是事物的变化。不易适应的正向事件可让人获得长久幸福,因此需要增加这方面的活动,享受精神产品就是如此。享受精神产品可增进幸福,也可避免无聊的痛苦。Schopenhauer(2020)指出:"人类有两大痛苦根源——物质匮乏和精神无聊。显然,物质消费水平提高后,无聊更容易困扰人,如果人对事物完全适应后就很易感到无聊,无聊就易烦闷、躁动。"对于无聊的原因,其又说:"许多富人感觉不幸福是因为精神思想很贫乏,没有真正的文化和知识,对客观事物没有兴趣和见地。财力雄厚的达官贵人尤其容易受到无聊的折磨。"

显然,财富不能消除无聊,只有拥有文化知识、兴趣爱好才能让人摆脱无聊。Aristotle 在尼各马可伦理学中就曾自豪地说:"献身哲学研究的人生是最幸福的人生。"他的老师,沉浸在哲学中的 Socrates 更是典型,当其看到种类繁多的奢侈品惊叫道:"原来这世上竟有如此多我不需要的东西!"

前面对社会比较的介绍表明,相对于物质产品来说,精神产品不易激起社会比较,此外精神产品还不易出现享乐适应。精神产品之所以适应不完全,或较少出现边际敏感度递减,一个重要原因在于精神产品一般以变化的形式出现,每次活动都有着不同的内容、过程、结果,因而每次体验也就不同,如求知、社交、绘画、运动、写作、下棋、游戏、旅游、垂钓等。苏格兰作家 Buchan 说过:"钓鱼的魅力就在于一种对不确定但又可能得到回报事物的追求,是一系列持久的偶然产生的希望。"显然,这种不同体验所产生的快乐更多地出现在追求过程之中,而非达到目标之时。此外,精神产品所生的正向体验还可表现在多方面:事前美好的期待——期待效用;事中愉悦的体验——体验效用或过程效用;事后快乐的回忆——记忆效用。随着时间的推移,精神产品产生的温馨、甜美、亲切、难忘回忆还可无时间和次数限制的重温,相反,随着时间的推移,物质产品会逐渐失去新奇性带来的新鲜感,特别是耐用品,Headey (2008)的研究就表明:物质产品中的耐用消费品与生活满意度相关性不大。

如果人对正向刺激不能完全适应,就可体验到幸福,长期不能完全适应就能体验到长期幸福。Frederick 和 Loewenstein(1999)的研究表明,人对于整形手术的享乐适应是不完全的,也就是说外貌对人的幸福感具有持续影响。相反,如果一个人对一个正向刺激出现完全适应,那么不仅不会体验到幸福感,而且还会感到无聊的困扰,如房和车的基本需要满足后,房再大一点,车再好一点,就是如此。

依 Scitovsky(1976)的观点,摆脱无聊的困扰有两种方式:一是提高过低的唤起水平;二是降低过高的唤起水平。事物新奇性具有提高唤起水平的作用,尽管如此,为了达到最佳唤起水平,刺激既不能过弱也不能太强,图 7-4 中的 Wundt 曲线就反映出快乐程度与刺激强度(新奇性)之间的倒 U 关系。图中 a 点为最佳刺激量,当刺激量低于 a 点时,人会感到无聊;当刺激量高于 a 点时,人又会感到紧张、焦虑、压力、恐惧和疲劳。刺激量过大超过 b 点,人就会体验到痛苦,由此说明新的、令人惊奇的事物只有在一定限度内才是吸引人的,超过这个限度 b 点就会让人感到负效用。

新奇性是最令人愉快的正向刺激,其提供了惊奇、冲突、变异、不和谐、认知不协调,或出乎人预料和背离人的经历。寻求新奇的方法有两种:一是生理刺激,治疗低唤起的最简单方法是锻炼身体;二是心理刺激,娱乐、趣味、美感、声音和外观是感觉刺激的主要来源,包括艺术、哲学、休闲、娱乐、游戏、观看比赛、科学好奇心和纯粹好奇心的满足,以及不以满足需求为目的而以摆脱无聊为目的的心智活动。很多具有新奇性的正向刺激不仅可消除无聊,而且还可带来双重幸福感,表现在刺激导致唤起水平超过最优水平后会感到紧张,而后随着紧张的

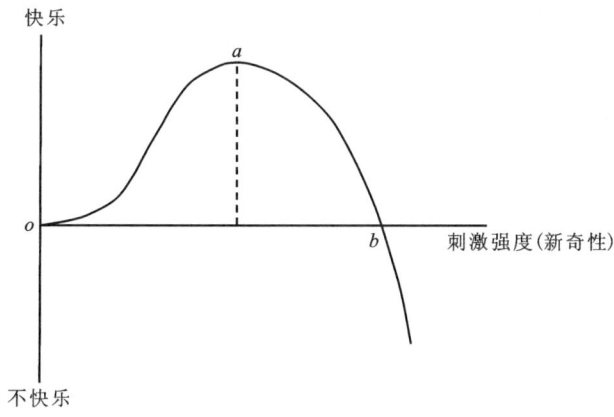

图 7-4　Wundt 曲线

释放又会体验到幸福。如此积累紧张(扣人心弦)再释放紧张(如释重负)就可产生双重幸福感,如运动、探险、游戏、观看比赛、观看侦探作品。

Schopenhauer(2020)指出,人的所有乐趣源于 3 种基本能力:①生命力,包括饮食、作息、消化和睡眠。即人体新陈代谢能力带来的乐趣。②发挥肌力获得的乐趣,有时以体育运动的形式出现,如走路、跑步、摔跤、跳舞、击剑、骑车等。有时则在军旅生活和战事中体现。③感觉能力带给的乐趣,如通过观察、思考、感受获得的乐趣,或品鉴诗歌和文化、音乐而来的乐趣,或学习、冥想、阅读、发明创造、哲学思索等带来的乐趣。显然,肌力和感觉能力带来的乐趣来自精神产品。众多学者的研究一致证明精神产品的享乐适应较小。Frank(1997)指出,与闲暇比,人对收入的适应更完全。Easterlin(2004)的研究也表明,与婚姻、残障的适应比,人对收入的适应程度更完全。后来 Rath 和 Harter(2010)的研究同样表明,对于年收入低于 2.5 万美元者来说,精神产品与物质产品产生的幸福感大体相同。然而,随着收入水平提高,精神产品产生的幸福感是物质产品的 2～3 倍,究其原因就是精神产品享乐适应小。显然,学者的研究皆表明,精神产品要比物质产品或收入带来的幸福感更高。

随着经济增长,人的休闲时间也会增加,因此人对新奇性刺激的需求也会增加。精神活动种类繁多,形式多样,但大多都有新奇性,可避免现代人生活内容单调、节奏过快、心理压力过大而产生的忧虑和烦闷。Scitovsky(1976)认为,在精神活动中,一个可广泛、长期产生新奇性享受的宝库就是音乐、绘画、文学和历史。著名哲学家、社会学家、教育家 Spencer(1861)认为:"没有油画、雕塑、音乐、诗歌以及自然美所引起的情感,人生乐趣就会失去一半。"Russell(2020)也指出:"教育曾经被看成是培养享受能力的一种训练。在 18 世纪,对文学、绘画和音乐有着自己不同的鉴赏情趣是绅士的一个标志。"积极心理学家 Seligman(2002)指出了美德对于幸福的重要性,他认为美德可让人获得长久的幸福。其所言的美德多是精神活动,包括睿智(好奇心、好学、批判性思维和开放性思维、创新和务实、社会智力和情绪智力、洞察力)、超脱(审美、感恩、乐观豁达、虔诚、宽容、幽默、激情)。以上学者列举的文艺也好,美德也好,或其他活动也好,大多是精神活动,大多是享乐适应小的正向刺激,大多可带来长久的幸福。

根据心理学和幸福经济学的研究成果,可将享乐适应小的正向刺激做一概括。根据刺激与适应的关系,图 7-5 中列举了生活中可产生幸福或痛苦的事件,按 4 个象限排序,依次为:位于第Ⅰ象限中的易适应正向刺激、位于第Ⅱ象限中的难适应正向刺激、位于第Ⅲ象限中的难适应负向刺激、位于第Ⅳ象限中的易适应负向刺激。由此可对个人乃至社会资源配置提供很好的参考,在资源投入相同和首次刺激引发的情感强度相同时,应将更多资源用于难适应的正向刺激,也就是位于第Ⅱ象限中的活动,避免难适应的负向刺激,也就是位于第Ⅲ象限中的活动,如此将获得极大的幸福感。

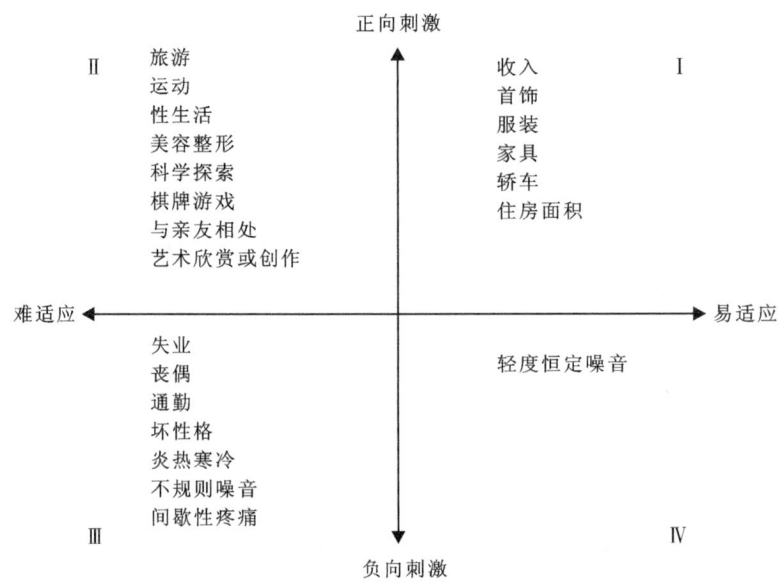

图 7-5 刺激与适应的分类组合关系

在第Ⅱ象限中,艺术产生的幸福感非常高,因而人多有动机追求艺术享受。著名发展经济学家 Rostow(1971)根据德国著名作家 Thomas Mann(1901)的小说《布登勃洛克一家》,提出了"布登勃洛克式动力(Buddenbrook Dynamics)",该动力就非常清楚地反映出生活追求的变化。第一代没有财富追求财富,第二代有了财富追求社会地位,第三代有了财富和社会地位就追求精神文化生活——爱好音乐、文学、历史。精神产品带来的幸福感能够伴随人一生,说明其享乐适应极少,产生的幸福感极高。Krueger(2008)的调查也证明了音乐的巨大作用,调查表明,欣赏音乐被排在 10 项最令人愉快的活动之首,欣赏音乐不会出现完全适应。听音乐时,人不仅感到快乐,而且没有任何压力,非常放松。

当然,并非所有的音乐都能带来幸福。幸福研究学者 Bowen(2013)说过:"以前我总爱听恋歌,觉得它能激我的灵感,但后来我发现,我所感受到的触动只是低等的痛苦情绪。"社会学家罗格斯对 1400 多首乡村音乐进行了分析,结果发现歌词大多是描绘消极生活经历的,包括暗恋、酗酒、绝望、怨恨、贫困、宿命论、财务困境。韦恩州立大学的斯达克、冈拉克分析了美国 49 个地区的自杀率与全国性电台乡村音乐播放数量,在排除了贫困、离婚、持有枪支等因素后,结果发现乡村音乐播放数量越多,自杀率越高。显然,尽管音乐可给予人很高的幸福感,但还是要依具体的音乐类型、题材而定。或许不少精神产品与幸福感的关系都类似于音乐,但还需具体情况具体分析,如音乐、美术、文学中的纯粹黄色作品,还有博彩、电子游戏等易上瘾产品,这些并不利于人的长久幸福。

人作为社会动物,社会交往对其幸福感影响也很大。好的社会关系能让人体验到 Aristotle 式的幸福,这是一种非常高的幸福感。如与亲朋好友聚在一起,喝个小酒,聊个小天,叙个小旧,玩个小牌……关系产品(relation goods)也被称为社会资本,这种资本的每单位货币边际效用极高,也就是说这种活动并不需要耗费多少货币,但需投入较多的时间。众多学者的研究一致表明,丰富的社会资本可极大地提高生活满意度。关系产品对于幸福感的重大影响可从正反两方面看出。

从正面分析,这方面的证据非常多。Provine(2001)研究表明,在社会情境下,人类笑的次数是独处情境下的 30 倍。Kahneman 等(2003)对得克萨斯州(两个城市)909 位妇女随机调查表明:在 15 项日常活动中,幸福感排名最高的前 4 项分别为:性爱、社交、放松、祈祷/礼拜/冥想。由此可见,人作为一种社会性动物,社交这种精神活动对幸福感的影响非常大。定量分析表明,社交产生的幸福感要高于收入增加。哈佛大学在对 12 000 多人长达 30 多年时间的调查发现,如果你社交圈中的人非常愉快,那么你感到高兴的概率会增加 15%。而如果你年均收入增加 10 000 美元,幸福感却只能增进 2%。由此可见社交对于增进幸福的作用感远大于收入,特别是收入达到一定水平后。Sugden(2005)指出,家庭组织带来的幸福感极高,它可让成员共同面对生活,共担痛苦和共享快乐,这是婚姻家庭带来的幸福之一。Perlman 和 Rook(1987)研究也表明,拥有亲密人际关系者能更好地应对各种压力,包括亲人去世、失去工作、身患疾病等。

从反面分析,也可看出社交对幸福感的影响。Krueger(2008)的研究表明,与老板共处时的不愉快概率是与朋友相处的 2~4 倍。对于男性更是如此,大多男性承认,与上司或主管共处时,会产生极大的压力和极低的幸福感。由此可见,不能平等、自由、轻松交流的社会关系对幸福感的负向影响很大。

以上说明社交活动对于提升幸福感作用重大。其实幸福研究最重要的成果之一,就是生活中的非物质方面因素,特别是存在于家庭成员、朋友和邻居之间的社会关系,对于个体幸福感的影响非常重要。

运动刺激对于增进幸福感的作用也很大。大量研究表明,有氧运动对人的生理和心理有着积极的影响(Plante 和 Rodin,1990)。就生理层面而言,运动可让人强壮体魄,减少疾病,精力充沛地更好工作和生活。从心理层面而言,体育运动可降低人生活中的紧张和压力,宣泄压抑的情绪。Berger 等(2002)研究了体育锻炼对情绪的影响,其研究发现,参加体育锻炼后,情绪很快就会发生明显、积极的变化,紧张、抑郁、愤怒和困惑水平都出现下降。同时,体育运动还能使个体展现生命活力,感到愉悦和自信,从而更好地应对各种挑战。因而体育运动存在过程效用和结果效用,对主观幸福感有着很大影响。

Aristotle 将人生幸福分为 3 类:身外之物、人的灵魂和人的身体。显然,身体健康非常重要。Schopenhauer(2020)也言,宁愿做健康的乞丐,不做多病的国王。运动增进健康,尽管拥有健康会出现享乐适应,感受不到幸福,但失去健康则很难完全适应,一定会感到长期痛苦。生命周期调查(National Opinion Research Center,1999)就全面反映出健康对幸福感的影响。调查对象年龄为 24~78 岁,时间持续长达 28 年。调查表明,健康状况自我评价会随着年龄增长而呈现出下降趋势,由于人在整个生命周期中感知的健康状况不断下降,因而对自我健康状况恶化并没有完全适应。因此,如果健康状况发生不利变化,就会对自陈主观幸福感(SWB)产生长期负向影响。

最后,精神产品产生的巨大幸福感还可从一种心理畅态(flow experience)反映出来。如果人能够培养一种爱好并沉浸其中,就可获得巨大的体验效用或过程效用、记忆效用,这就是精神产品产生的畅态,可以说这是人生幸福的最高境界。

芝加哥大学心理学系教授 Csikszentmihalyi(1975)首次提出了畅态,即由于高度专注忘我,因而能够将潜能发挥到极致的状态。畅态有以下特点:为了活动本身彻底投入其中;自我意识消失;时间流逝也毫无觉察。每一个行为和思想都不由自主地延续之前状态,犹如行云流水般顺畅。整个身心完全沉浸其中,并将其技能发挥到淋漓尽致。当这种体验结束后,回忆起来又会感到难以言表的幸福。因此,人也愿意为此付出极高的代价享受这种体验。虽然该体验也能带来名和利,但人追求的是体验本身,而非活动的结果。这种体验产生的幸福感与欲望满足产生的幸福感存在着很大区别,表现在:①幸福感持续时间不同,畅态随着活动进行而持续存在,而欲望满足所生幸福时间不长;②意识干预程度不同,畅态为有意识活动,而欲望满足却是一个自发性生理反应;③所需技能程度不同,畅态需要较多技能,而欲望满足无需太多技能;④对人生价值贡献不同,畅态让人感受到生活富有意义,而欲望满足属于生理需要。人不会因为吃饱喝足,尽情纵欲感到骄傲,但却会因为作为一名技艺高超的教授、作家、医生、艺术家、科学家、运动员而感到自豪。

以上说明精神活动对于提升幸福感的作用重大。其实,无论什么精神活动都有这种作用,只是在程度上存在差别。由于享用精神产品的社会比较和享乐适应小,那么享用精神产品越多幸福感也越高,作为幸福的最高境界,畅态可让人感到无与伦比的幸福。因此,为了破除幸福收入悖论,社会和个人就应将资源更多地用于社会比较少和享乐适应小的精神产品享受,如此人就可获得长久的幸福。

2. 工作生活平衡

工作与生活平衡是一个非常重要的问题,因为外显性消费和内隐性消费都需要消耗时间,在时间是最终极稀缺资源的情况下,这些时间不能来自休息和睡眠时间的减少,而只能来自工作时间的减少。

同物质产品相比,虽然享用精神产品能带来更高的幸福感,但精神产品消费中很多都是时间密集型产品,享用需要消耗大量的时间。按照 Becker(1981)时间配置理论,人在做购买决策时会考虑产品的"全部成本"或"全部价格",全部价格就是市场价格加上消费所需的时间价值构成。

过分追求收入或物质产品者会认为,精神产品中的时间密集型产品全部价格太高,进而减少其消费,因而就可能体验不到幸福。因此,为了人生幸福,就需在工作与生活之间权衡。需要明白的是,钱财是工具,享受是目的,工具上花费的时间多,自然目的上花费的时间就会减少,这是典型的本末倒置。Kahneman(2004)对得克萨斯州 909 位妇女的调查表明:在 15 项日常活动中,幸福感排名最低的 3 项分别为:做家务、上班、通勤。其中后两项就与工作有关。Kahneman 等还运用美国劳工统计局的数据,研究不同收入等级者如何消费时间,结果发现,高收入者生活里充满着琐碎事务,大部分时间被用于工作、出差、照看孩子和购物,且比低收入者感受到更多的紧张和压力。因此 Kahneman 等人认为,快乐随财富增加而消失的奥秘在于,富人生活非常繁忙,反而没有时间去享受简单的快乐。因此,为了在衣食无忧的情形下大幅增进幸福感,个人需要用好上帝公平分配的时间,重新调整时间资源配置,在工作和生活之间寻求平衡。

为了在社会比较中获胜,就需要拥有豪宅和豪车等具有极强外显属性的物质产品,为此人就得拼命赚钱,然而,当住房面积达到一个宜居界限后,或轿车舒适程度超过一定限度后,人对增加的面积或舒适程度几乎会完全适应,当他人也有了豪宅和豪车就会减少你的相对优势,进而降低幸福感,由此就表明豪宅和豪车等物质产品并不能带来长久幸福。然而,拥有豪宅和豪车的机会成本却极高,需要耗费大量的时间工作,如此,享用精神产品的时间自然就会减少。

如果少拥有一些外显性极强的物质产品,工作时间就会少一些,就会有更多的时间用于内隐性极强的精神活动,就会产生更多的幸福感。Aristotle 指出:"幸福存在于闲暇中。" Schopenhauer(2020)也指出:"闲暇是生命存在的花儿,更确切地说,是存在的果实。只有闲暇可让人完全拥有属于自己的时光。"一个自身内在丰富多彩的人,在闲暇中才是最幸福的。研究证明,定期休假带来的生理和心理健康是确定无疑的(Argyle,1996)。同其他时间相比,人在休假时很少感到疲劳、生气和焦虑,并且可减少消化不良、便秘、头痛和失眠等压力疾病的发病率(Rubenstein,1980)。休假结束后,美好的回忆还可给人带来记忆效用,就如美国火车旅行作家 Theroux 所言:"旅行只有在回味时才是迷人的。"还有调查(美国民意调查中心)表明,自 1972 年起对 42 000 人调查发现,在很少或从未参加过礼拜的人中,只有 26% 的人宣称非常快乐,而在经常参加礼拜者中,却有 47% 的人认为非常快乐。作为慈善之母的宗教可给予人很多:精神安慰、亲密关系、心绪平和、心理健康……

早在古典经济学时期,Mill(1848)就说过,在人生活所必需的物质已经足够的情形下,人就不必将更多的时间用于生产劳动,而应将更多的时间充分用于闲暇、艺术、学术与体育。日本学者矢野真和(1995)在《生活時間の社会学—社会の時間、個人の時間》一书中也指出,在富裕社会,本应遵循"经济发展(生产率提高),劳动时间减少,可支配时间增加"的因果关系。事实上,工作时间减少本身就可增加幸福感。在消费产品和服务数量相同的情形下,每年工作 1500 小时而不是 2000 小时,就意味着一个人的生活水平提高。然而,实际情况却是人每天都在忙忙碌碌。在美国,相对于休闲来说,人过高估计了收入的效用,其结果常常就是"过度工作"(Schor,1991)。过度工作也是导致幸福悖论的一个原因。以上学者的观点都反映出工作和生活时间的错配,或者说过度工作难以让人幸福。

当今,各个国家不同的休闲时间差异,已成为幸福与否的重要体现。因此,只关注产品和服务数量或收入就会歪曲对生活水平的比较,这在生产活动日益受到自然环境限制时尤其重要。生产必然带来环境损害,因此不能无限制增加生产,特别是物质产品生产,对此可运用征税或规定限制生产。如此这般尽管可增加休闲时间和改善环境质量,但却会减少生产,对此并不能认为生活水平下降,相反应该视作生活水平提高。随着经济社会的发展,人将更多地以休闲的形式享受发展成果,因为一方面高档消费品已经达到饱和,另一方面人获取消费品的劳动时间大幅下降。1880年,一个普通美国家庭需要1405个工时才能获得一年的食品,而现在这一工时还不到260工时,美国人每周工作时间已由1850年的70小时下降到1960年的40小时左右(Wilensky,1961)。

经济社会的目的是国民幸福最大化,如果增加一小时闲暇的价值大于增加一小时收入的价值,那么减少工作时间就会增加社会福利(Brue,2007)。在大多数富裕国家,生活富裕后人就会选择减少工作,换言之就是放弃一些收入,享受丰富多彩的个人和家庭生活。在过去半个多世纪,欧洲人一直就是如此,工作时间迅速减少,而在其他国家并非如此,在世界各国中,中国人工作时间最长,人均工作时间达2100小时。在发达国家中,美国人工作时间最长,人均工作时间为1815小时,与2002年欧洲人均工作时间最短的挪威(1342小时)相比,长了约12周(International Labour Organization,2006)。过度工作也会将宝贵的时间浪费在令人痛苦的通勤上。2000年,美国人平均通勤时间为100多小时,已经超出了平均两个星期休假的时间(US Census Bureau,2004)。欧洲人民的幸福感整体高于美国,一个原因就是欧洲家庭比美国家庭花在家庭生活上的时间更多,芬兰、法国、意大利、德国和英国家庭花在休闲活动上的时间比美国多(OECD,2009)。Layard(2005)认为,这或许是美国人税赋较低,增加了工作报酬,也可能是私人生活满足感较少。

尽管美国人与法国人每小时产值相同,但由于美国人工作时间长,加之美国工作人口多于法国——在法国,更多的妈妈和年龄较大的员工决定待在家里,失业率也因此比美国高出3个百分点——结果美国国民生产总值要比法国高40%。然而,尽管法国人均国民生产总值低于美国,但法国人的预期寿命更长,甚至在人均国民生产总值相对于美国下降时,这种优势还在一直扩大,从1960年预期寿命长5个多月,到2006年长近2年(OECD,2006)。德国人每小时工资与美国人基本相当,但美国人工作时间长一些,因此收入也比德国人高。然而,经济学家却会认为,事实上两国国民的实际收入相同,原因在于他们的实际购买能力相同,只不过是美国人购买的产品比德国人多,而德国人购买的闲暇比美国人多。德国人很注重闲暇,其立法规定,休假是一个独立的、不被打扰的时期,除非公司或雇主迫于压力必须分开休假。如果24个法定休假日必须分开,那么,"其中的一部分应至少包含12个连续的假日"(Weiss,1991)。

在欧洲,当美国经济学家就欧洲人较短的工作时间与较长的休假说三道四时,欧洲人特别反感,尽管工作时间长一些,收入也会更多一些,国家国民生产总值也会更高一些,但大多数欧洲人还是非常满意自己的工作时间(Layard,2005)。美国社会学家Schor(1991)也说过,美国制造业工人每年都比德国和法国同行多工作320多小时——相当于两个月时间……我们因此也获得了繁荣带来的回报,吃了更多食物,但又将更多的热量消耗在工作中。有了彩色电视机和CD播放器,但对工作一整天非常疲惫的人来说只是用来放松。有了假期,但对工作一整年的人来说只是保证身心健康的必要方式。这是典型的工作消费循环。

或许局外人很难评断孰好孰坏,然而,有一点是需要特别强调的,就是工作的价值必须同其他的价值相权衡,如家庭生活。自1975年起,美国的国民幸福感再无增加,而在欧洲情况却正好相反,这是否与欧洲人工作与生活平衡有关呢?或者说与美国人工作、生活失衡有关呢?无论如何时间配置对幸福感的影响极大。

另外,值得指出的是:减少工作时间享受闲暇还有利于就业。现今人的工作时间比历史上任何时期的都要短,原因就是一、二产业要素生产率不断提高,在这种情形下,特别是随着消费需求由物质满足向精神满足转变,从长期看,服务业低生产率的特点决定了这种转变可产生大量的就业岗位。如此就会出现这样一种良性结果,个体工作时间绝对缩短,总体就业岗位净增加。当人愿多享受闲暇时,其减少的工作数量就可由他人来填补,其激发的服务业需求可增加大量就业岗位,由此有利于实现充分就业和宏观经济稳定。

当然,这里要避免的问题是,减少工作时间不能操之过急,否则短期可能增加失业。1981年法国总统密特朗执政期间曾宣布,将每周工作时间由40小时减为39小时,每年带薪休假由4周增加到5周。由于此举相当于实际工资提高,结果在短期要素生产率不变的情形下,劳动需求下降,供给不变或上升,劳动市场出现过剩供给导致失业(Hoffman,1989)。由此表明,减少劳动时间是一个渐进过程,一定要缓慢、小幅进行。但无论如何,从长期来看,从总体来看,随着要素生产率提高和服务经济发展,减少工作时间是能够增加就业的。

8 公平偏好

标准经济学的核心假设之一是利己假设,尽管也有研究表明,经历过生活富裕、变动、都市化和大众传媒后,个人主义迅速膨胀(Triandis,1994;Freeman,1997)。然而,行为经济学实验却表明,在公平分配方面,人的实际行为与利己假设还是存在系统性偏差。无疑,公平问题非常重要,绝非可有可无,并非简单的效率高于公平,公平是人的一种普遍心理需求,也是人类社会的一个崇高追求,社会公平与否对于人的幸福感影响极大。公平偏好与前面的损失厌恶、社会比较、享乐适应一起,被称为影响国民幸福感的四大心理(熊毅,2021)。

8.1 公平偏好显示

在行为经济学的实验当中,公平分配偏好属于一个极为重要的内容,众多实验结果也显示出人具有公平偏好。下面就介绍几个有关这方面的实验,这些实验堪称经典,其充分、有力地证明了人的公平企求。

1. 最后通牒博弈实验

最后通牒博弈实验由 Guth 等(1987)提出。该博弈实验在两个陌生人间进行,由提议者和反应者双方共同决定如何分配一定数量的金钱。实验内容也很简单,首先由提议者提出一个分配 10 美元的方案,然后由反应者决定是否接受该方案。如果反应者接受该方案,则按该方案进行分配;如果反应者拒绝该方案,则双方都一无所获。

根据标准经济学的利己假设,即使提议者贪得无厌而分配给反应者的收益极少,但只要收益大于 0,反应者就会接受该方案。然而,行为经济学实验却表明,结果并非如此,提议者出价 4~5 美元,并非极低。如果提议者的出价低于 2 美元,50%的反应者就会拒绝接受。反应者认为,如果低于 10 美元的一半太多,就非常不公平,因而为了追求心中的公平,宁愿牺牲自己的收益也在所不辞,也就是采用拒绝的方式惩罚对方,结果双方都将一无所获。

显然,最后通牒博弈实验揭示了人的公平偏好,为了追求心中的公平,人宁愿放弃一些收益。随后更深入、详细的研究也再次证明了这点。大量实验给出的统计数据表明,提议者出价的众数和中位数一般在 40%~50%之间,平均数在 30%~40%之间;在 0%~10%和 51%~100%这两个区间内较少。统计数据还表明,出价在 40%~50%之间,很少遭到拒绝,而出价低于 20%,通常会遭到拒绝。

最后通牒博弈实验基本上反映出人对公平的追求。公平是自己对他人行为和行为结果的一个判断,而这种判断又会影响自己的行为和分配偏好。在博弈中,人是理解自己利益最大化的最优策略的,而之所以没有选择最优策略,实为情感、社会因素所驱使。人宁愿牺牲自己的经济利益,也要追求精神方面的满意,如基本尊重、公平对待、自由选择。

上面介绍的最后通牒博弈实验,是一个非常经典的博弈实验。后来学者又以该博弈为基础做了一些调整,这就是独裁者博弈。

2. 独裁者博弈实验

独裁者博弈实验属于最后通牒博弈实验的一个变异,Andreoni 等(1993)、Forsythe 等(1994)、Camerer 等(1995)等学者对此进行了多次重复实验。

在独裁者博弈实验中,还是由提议者提出分给反应者钱数,与最后通牒博弈实验不同的是,反应者必须对提议者分配的钱数无条件接受,换言之,反应者无权拒绝提议者的分配方案。按照标准经济学利己假设,在提议者知道反应者没有否决权的情况下,提议者分配给反应者的数量应当为0。然而,多个实验结果证明并非如此。Andreoni 等(1993)的实验结果为,40%提议者分配给反应者的数量为0,20%提议者分配给反应者的数量在0%~50%之间,40%提议者分配给反应者的数量为50%。Forsythe 等(1994)的实验结果是,接近20%提议者分配给反应者的数量为0,60%提议者分配给反应者的数量在0%~50%之间,20%提议者分配给反应者的数量为50%。事实上,不同经济学家共进行了上百次实验,这些实验对象分布于不同国家、不同时期、不同群体。他们实验得出的结果与上面实验类似。尽管实验结果数值存在一些差异,但在提议者当中,很大比例的人分配给反应者的数量都远大于0。

毫无疑问,独裁者博弈实验结果与标准经济学的利己假设不同,对此行为经济学的解释是,行为人除了追求自身利益外,还有追求公平的偏好,这种偏好会让行为人宁愿放弃一部分自己的利益,也要追求收益分配的公平。如果提议者分配给反应者的数额过低,就会形成一个明显不公平的分配结果,一个具有公平偏好的提议者是不会提出一个不公平分配方案的,他会分配给反应者一个较多的数量。另外,独裁者博弈实验在一定程度上还可解释人的一些不图回报行为,如无偿捐赠、乐善好施、志愿服务等。

在最后通牒博弈中,提议者提出的慷慨分配数额,可能是出于内心公平的诉求,也可能是担心低分配数额会遭到拒绝,还可能是两种心理兼而有之,具体原因难以区分。然而,在独裁者博弈中却可很容易区分。在独裁者博弈中,由于反应者无权拒绝分配方案,因此,只要提议者提出的分配数额大于0,他就没有追求收益最大化,由此就可证明提议者的慷慨与内心深处的利他考虑有关,而非出于策略上的考虑。

引人深思的是,Danford(2016)的实验表明,如果反应者知道提议者是电脑而非人,反应者就会无条件地接受分配数额。无情感的提议者电脑不知公平,但有情感的反应者人脑却有公平偏好,因此提议者为人,其不公平会激怒反应者,但提议者为电脑却不会。由此表明,人与人的关系和人与物的关系不同,前者存在公平、平等诉求,而后者则不存在,人脑分配公平与否很重要,但电脑分配则不重要。生活中遇到棘手的分配问题时,常采用抽签、抓阄、摇号等方式,就是用来排除由人分配可能出现的不公平。

3. 礼物交换博弈实验

礼物交换博弈实验最早由 Fehr 等(1993)设计,随后学者进行过多次重复实验。

该实验有两方,提议者(代表企业)和反应者(代表员工)。首先提议者提出一个工资水平,然后由反应者决定是否接受该工资水平。如果反应者拒绝,则双方受益都为 0;如果反应者接受,则会考虑付出多少水平的努力。按照标准经济学利己假设,博弈过程将是这样的:如果自私的提议者决定了一个工资水平,那么,自私的反应者付出努力越多,获得收益就越少。因此,无论提议者提出什么工资水平,反应者都会付出最低努力。提议者也估计到反应者会付出最低努力,因而也只会提供最低工资。经过如此这般互动,最后博弈的结果只能是,提议者只提供最低工资,反应者也只付出最低努力。在这个博弈过程中,工资和努力间没有任何相关性,特别是没有正相关性。然而,实验结果与标准经济学利己假设相反,提议者提供的工资远高于最低工资,反应者付出的努力也明显高于最低努力,而且工资和努力之间呈现出明显正相关。

对此,行为经济学家提供的解释是,反应者具有公平偏好,当提议者提供的工资水平较高时,实际上是牺牲自己收益增加反应者收益。为了维护双方收益公平,具有公平偏好的反应者自然也会增加自己的努力,否则就会破坏收益分配公平。而提议者知道反应者会以高水平努力回报高工资水平,因此,一开始就会提供一个高水平工资。由此表明,人对友善行为会给予报答,在礼物交换博弈实验中,就是提议者首先提供一个较高水平工资作为礼物,反应者也会对此礼物给予回报,甚至在减少自己收益的情形下,具有公平偏好的反应者也会义无反顾,这就是常说的投桃报李、礼尚往来。

上面的礼物交换博弈实验揭示出了这样一个道理,具有公平偏好的行为人,如实验中的反应者,他们的公平行为可一定程度上减少其他人的利己行为,由此可极大增进收益分配的公平程度,最终还可实现社会福利的帕累托改进。

4. 信任博弈实验

信任博弈实验最早由 Berg 等(1995)设计,后由 Erlenbach 等(2000)等进行了重复实验。

在信任博弈实验中,首先,实验主持人支付提议者一定数量的钱;随后,由提议者决定将多少钱赠送给反应者,数量可为 0,也可是全部钱;然后,实验主持人将提议者赠送的钱数乘以 3,再交给反应者,如此反应者就可得到 3 倍赠送的钱。这一点提议者知道,也就是自己赠送的钱数将被乘以 3,由实验主持人交给反应者。但这一点反应者并不知道,因此,反应者就会以为自己得到的这 3 倍钱全部由提议者赠送。最后,再由反应者决定返还多少给提议者,可是 0,也可是得到的全部钱数。

按照标准经济学利己假设,反应者不会返还任何数量的钱给提议者,而且提议者也知道反应者不会返还任何数量的钱,他也不会赠送任何数量的钱给反应者。然而,实验的结果表明事实并非如此。实际情况是,提议者赠送了一定数量的钱后,反应者也返还了一定数量的钱给提议者。而且赠送的钱数与返还的钱数显著正相关。

上述的实验结果显然与标准经济学预测全然不同,对此,行为经济学家的解释是,反应者具有公平偏好,当提议者赠送钱数较多时,实际上是牺牲自己利益增加反应者利益。因此,为了维护双方利益公平,反应者会以善报善,增加返还钱数,使得双方收益分配趋向公平。提议者知道反应者会以高返还回报自己的高赠送,并且还知道主持人会将赠送的钱数扩大3倍,因此,提议者会形成这样一种预期,具有较强公平偏好的反应者所返还的钱数,会大于自己赠送的钱数,因而提议者开始提供的赠送数量也相当高,实验事实上也证明了人的公平偏好相当强。

公平偏好在人的早期心灵中就开始萌芽。Murnighan 和 Saxon(1998)研究表明,儿童公平偏好形成大致经历了 3 个阶段:5 岁以前,儿童为高度利己;5～7 岁之间,为了避免冲突开始偏好等额分配;7 岁以后,开始根据投入与收益的多少决定分配是否公平。Harbaugh 等(2000)的研究也证明了公平偏好与年龄的关系,研究对象为俄勒冈州 2、4、5、9 年级的学生。结果证明,随着年龄增长,儿童分配给他人的收益也会增加。在年龄最小的 2 年级中,分配数额最低,并且学生还很容易接受最低价;在较大年龄的学生中,分配数额呈现出慷慨,平均值分别为 35%、41%、44%。由此表明,随着人的心智不断成熟,公平偏好会逐渐增强。不仅人类具有公平偏好,其近亲猴子也同样如此。Waal(2005)研究表明,僧帽猴同人一样,当遭到不公平对待时也会愤怒。

公平偏好非常重要,涉及人的生存。在人类的进化过程中,其大脑、认知、情感等会做出适应性调整,当遭到专横、欺负、凌辱、剥夺、歧视等等不公平对待时,这种调整机制就会燃起人心中的怒火,就会激起强烈的反抗。在进化过程中,愤怒和反抗是一种生存优势,若无这种优势则在弱肉强食的丛林世界根本无法生存。

同样,在人类社会中,若无公平偏好,社会也将变得愈加不公平。收入差距根本不会像著名的 Kuznets 倒 U 曲线表示的那样,随着经济增长而缩小。该曲线以某个具体社会、具体时期得出一般性的结论,不仅与理论不合,也与事实不符。与理论不合表现在:教科书中已得到公认的观点是,收入差距过大是市场失灵的结果,无论经济增长处于什么水平,若无政府再分配,经济增长或市场调节自身根本不会减少收入差距。已有真理表明,收入差距与再分配力度负相关,而与经济增长高低不相关。与现实不符表现在:面对大致相同的人均国民收入,北欧的收入差距远比美国的小,同样台湾的也远比香港的小。研究表明,经济增长既可能导致不平等减少,也可能导致不平等增加。如果财富增加增强精英阶层夺取权力和攫取利润的能力,如果资本回报率超过实体经济回报率,不平等就会加剧(Ferreir 和 Rosenvallon,2009)。

美国布兰戴斯大学 Cecchetti 教授,作为世界研究全球金融问题的专家,其经历可说明其造诣,兼任过普林斯顿大学、牛津大学、墨尔本大学教授,担任过国际清算银行、国家经济研究局研究员,《美国经济研究》编辑,还担任过纽约联邦储备银行执行副总裁,欧洲中央银行、英格兰银行、澳大利亚联邦银行顾问。就是这样一位具有极深的理论造诣和丰富的实践经验专家,其与同事对 50 个国家在 1980—2009 年间的增长分析发现:"庞大的金融业不但不会促进经济增长,反而会成为经济增长的负担。"由此反映出攫取暴利的金融业,不仅导致了不平等,而且也不利于经济增长。

8.2 政策启示

公平偏好表明，人非常关心自己是否被公平对待，也会公平对待公平做事的人。与标准经济学比，行为经济学中的人既可以是更好的人——当被公平对待时，愿牺牲一己之利帮助对其好的人；也可以是更坏的人——当其未被公平对待时，愿牺牲一己之利惩罚对其坏的人。特别是牺牲一己之利不大时，这两种意愿会更加强烈。公平偏好给予人和社会的一个最大启迪就是：人的追求并非完全是为了金钱，除了金钱之外还有重要的精神追求。公平偏好的存在对制定政策具有非常重要的启示。

1. 市场出清

依据标准经济学模型，如果市场出现短缺和过剩，价格必然会变化，引起市场对供给和需求的调节，进而实现市场出清或均衡。如在一场大雪后，雪铲市场出现短缺，雪铲价格也会上升，据此，卖家就会充分利用这一有利的市场时机，趁机提价赚取额外利润。然而，事实并非如此简单，此举被视为不公平，会遭到买家的反对。Kahneman 等（1986）的实验表明，82%被试会对此行为做出反应。买家会将这种趁机提价行为视作"敲诈"，认为这是非常不公平的，表示将来会抵制卖家的产品。这是因为具有公平偏好的人会认为，这些趁火打劫的卖家剥夺了自己支付参考价格的权利，进而感到不满。

与此类似，美国可口可乐的 CEO 曾试图运用超级自动售卖机出售饮料，这种机器能够自动根据外界温度变化调整价格，天热价高，反之价低。经济学家对此会举双手赞成，价格调整可保证产品流向评价最高的人，即资源得到优化配置。然而，大多数消费者都表示反对，认为此举是借机涨价，而且一瓶 3 美元的价格简直就是漫天要价，极端不公平，并且机器的运营成本夏天与冬天一样，为什么夏天要价高？最后公司迫于消费者压力放弃了运用该机器，其说辞是，CEO 的这一想法只是假设。

在美国的一些州，对关乎民生的基本产品，如汽油通常会通过立法制止上述的"敲诈"行为。实际上，如果卖家能够预见到公众的不满和愤恨，常也不会轻率提价，Olmstead 和 Rhode（1985）曾以加州标准石油公司为例做了说明。1920 年，加利福尼亚州出现了严重的石油短缺。当时，加州标准石油公司作为一个主要供应商，并没有趁机提价，而是采用了配给和定量供给的方式销售，结果使得加州的油价还低于汽油并不短缺的美国东部。由此表明，加州标准石油公司管理层非常关注自己的公众形象，希望尽可能表现得公正一些。

相反，当市场出现过剩时也可做一个类似的分析。如生产过多或季节性因素可能导致市场出现暂时性过剩。当然，如果是耐用消费品，卖家可召回转为存货，但这样做的成本非常高。此时，卖家也不愿意降价，因为降价会导致参考价格下降。在这种情况下，卖家惯常的做法就是对价格打一个折扣。当市场过剩消除时，自然也就可取消折扣。取消折扣比涨价引起的消费者不满要轻，因为取消折扣只是恢复原价，而不是超过以前的参考价格，因而引起的损失厌恶程度相对要低一些。

另外，降低工资也存在公平问题，只有当竞争使得厂商面临生产经营危机时，降低工资才被认为是合理的,除此之外的降低工资就会遭到工人抵制(Kahneman et al,1986)。

2. 社会规范与市场规范

公平偏好表明,人的行为并非完全是为了金钱,其也会受到非经济因素激励的影响。事实上,在一定范围内,内生道德激励与外生金钱激励存在一种此消彼长的关系。或按 Ariely 的观点,就社会规范(人之间的友好请求)和市场规范(人之间的交易)间的关系来说,当社会规范与市场规范并存时,前者就会失败。对此,Gneezy 和 Rustichini(2000)的研究证明了这点。

二人对以色列 10 个托儿所进行考察发现,家长在接孩子时经常迟到。按照托儿所的规定,家长应在下午 4 点钟接孩子,来晚了不仅引起孩子焦虑,而且造成老师苦苦等候。研究进行了 20 个星期,在前 4 个星期中,他们记录了迟到家长的人数。每个托儿所每个星期平均有 8 人迟到。在 4 个星期后,他们建议其中的 6 个托儿所实施罚金制度,如果家长迟到时间超过 10 分钟则需支付 2.5 美元的罚金。其他 4 个无罚金制度的托儿所则作为对照组,家长晚接孩子的次数不变。最后,研究结果表明,在实施罚金制度的 6 个托儿所中,晚接孩子的次数还增加了,时间持续了 4 个星期,每星期迟到人数平均达 18 人次,这一数字是实施罚金前的两倍。由此说明,市场规范的作用挤出了社会规范的作用。

Titmuss(1971)也研究了内在道德激励与外在经济激励的抵触。他考察的是献血行为,结果发现大多数人是出于利他原因而献血,并不索取报酬。当支付一定小额报酬后,献血量比无报酬时还降低了。献血者会认为,支付任何报酬相当于其献血量的价值,如果发现这一价值很小,就会失去献血的动力。同样,美国退休人员组织曾问一些律师,是否愿意一小时约 30 美元为一些需要帮助的退休者提供服务?律师们表示无法接受,认为此举贬低自己劳动的价值。后来该组织项目经理改变了思路,问是否愿意免费为一些需要帮助的退休者提供服务?结果绝大多数律师表示同意。

经济激励并非无度,有时经济激励过度也会影响表现。Ariely(2010)指出,当奖金高到一定程度,人会受过度动机的影响,由于惦记可能得到的奖金,结果分心而无法集中注意力,表现会比报酬少时更差。因此经济激励或许是双刃剑,对需要智力的工作,较低和中等数量的绩效奖金确实能发挥效率。但奖金过高会吸引过多的注意力,制造过大的压力,因此反而降低工作表现。很多考生模拟考试成绩比正式考试高,就是由于想获得好成绩的压力影响到表现,运动员巨大压力下表现失常也是如此。

总体来说,在市场规范泛滥的情形下,多一些社会规范,少一些市场规范,人的生活也会变得更惬意、更有创造力、更充实,也更有乐趣。

8.3 不平等痛苦

人具有的社会比较、公平偏好心理,使其厌恶不平等,不平等让人极其痛苦。

8.3.1 平等与效率关系

平等和效率都是社会追求的目标，二者有一个共同之处，都是服务于人幸福生活的工具，因此，孰轻孰重的判断都应以能否增进或进多少幸福感为准。

1. 分享福利实现社会平等

社会平等是一种美好愿望，也是人类社会特有的一种意识，且是现代社会才有的意识。在充满兽性的弱肉强食、地位严明的动物世界，甚至在人类的近亲猴子、狒狒、猩猩这些等级森严的灵长类动物中，都不可能存在社会平等。同样，在封建社会，人生来就有高低贵贱之分，自然也不存在社会平等。所以社会平等如同婚姻制度一般，是人类进化和社会进步的产物。由此社会平等在社会科学中多有体现，在道德哲学中意味着自然法则；在社会学中意味着消除群体特权；在政治学中意味着保护公民人权；在经济学中意味着公平和再分配。

社会平等观念具有的人性温情和社会进步要求，使其同时强调机会和结果的平等（Kvist et al,1995），机会平等是一种事前平等，用来保证个人的起始公平，结果平等是一种事后平等，用于调节充满风险的社会过程造成的结果差异过大。Titmuss(1968)的"我们同坐一条船"是对这一风险形势的标准化描述，任何有能力的公民都应共同承担责任，满足由这些风险暴露引起的福利需求。因此，一个追求社会团结、同舟共济的平等社会，自然也会注重结果平等，因为只有机会平等，而没有结果平等，由于风险造成的结果差异增大，产生绝对贫困或相对贫困，必然导致社会分层，正如社会学家罗西兹的五阶层划分，或如马克思经济学的无产阶级和资产阶级划分，如此最终还是难有社会平等。

而要实现结果平等，就要对风险造成的结果差异进行管控，为此就须借助政府的再分配，就如 Anderson 所说：福利国家的基本理念是进行经济再分配，从而消弭社会不平等（Goul et al,2001）。瑞典社会学家（Palme,1998）也认为：所有社会平等的政策都可归结于再分配。需要强调的是：一方面出于激励方面的考虑，结果平等只是着眼减少收入差距，并非消除收入差距；另一方面再分配也是政府的一种政治义务，绝不能成为反对政府干预的理由。按照经济学神童 Mill 的二分法：即生产的经济法则受自然法则支配，分配的社会法则受社会意愿和制度支配，分配问题具有的极强规范属性说明，政府负有政治义务依据社会意愿进行再分配，以便消除凭借垄断攫取的财富，缩减世袭和运气累积的财富。否则，没有反映社会意愿的再分配，也就不可能有社会平等。

运用再分配手段实现结果平等，对风险造成的结果差异进行控制，主要方法就是提供收入保障，这种收入保障表现在提供教育、医疗、养老、托幼等等社会福利，收入保障是实现社会平等的支柱（Brochmann et al,2005）。正是政府运用再分配，提供平等享有的高社会福利，可极大减小收入差距，减小权利地位差距，最终实现社会平等，如此又可极大地增加人的平等感、安全感、幸福感，由此可以说，无社会福利无社会平等，也无高水平的幸福生活。

2. 实现平等无损经济效率

分享普遍的社会福利实现社会平等，往往受到偏执经济学家的批评，其武断地认为，效率优先兼顾平等,这种观点意味着平等与效率呈负相关。然而,无论是现实观察还是理论分析,都证明这种观点是错误的。

(1)从现实中观察,平等和效率并无相关性。世界上有高平等高效率国家,如北欧各国;也有低平等低效率国家,如南美的哥伦比亚、非洲撒哈拉以南国家,以及名义平等实际并不平等的计划经济国家;还有众多平等和效率皆不高的国家。因此,仅从归纳的角度,无法看出平等和效率之间具有相关性。许多教条主义经济学家错误地认为:社会福利导致工作激励降低,经济增长缓慢,失业和通胀加剧,然而,现实的铁证是,北欧国家的生产率和就业率都超过了欧洲和美国(Kuhnle,2003)。美国《福布斯》杂志"最勤奋国家"评比显示:冰岛第一,丹麦第三,瑞典第五,挪威第六。如此,从实证方面看不出平等和效率间负相关。

(2)从理论上分析,效率优先之说也难以成立。经济分析的核心就是边际分析法,该法的精妙之处在于,任何事物的优先性、重要性都是具体、相对的,其重要、优先与否取决于拥有多少。按照幸福经济学家Frey(2008)的观点:社会目标是实现国民幸福最大化。平等和效率作为两种不相关的投入,二者都是国民幸福的增函数,如果增加1%效率,只能增加2%国民幸福,但如果增加1%平等,却能增加3%国民幸福,那么,此时平等带来的边际幸福更高,社会平等也就比经济效率重要,这是毋庸置疑的。同理还表明,即使平等和效率二者负相关,也无效率优先兼顾平等之理。如果社会牺牲1%效率,能够获得3%平等,那么,此时平等也比效率重要,因为牺牲效率增加平等可增加国民幸福感。

可见,平等和效率孰重孰轻皆是具体、相对的,取决于具体的社会情境,笼统地说效率优先有悖于边际分析法,自然就是荒谬至极。其荒谬类似于说生命是最重要的,生命是最重要的吗?若是,要想健康长寿,请问:你多长时间体检一次?你为什么不到经济文化落后的长寿之乡生活?你为何不出门戴口罩防雾霾?……类似的错误在经济学家中也普遍存在,典型的就是认为失业比通胀危害大。其实,大可不必过于纠缠这种孰重孰轻的判断,科学的态度是,平等和效率作为国民幸福函数的投入,依据等边际原理,当各自带来的边际幸福相等时,就可实现国民幸福最大化。

另外,社会平等和经济效率本身也不属同一个层面范畴,社会平等具有更多目的性,而经济效率则仅具有工具性,社会不是为效率而提高效率,而是效率隶属于一定的社会目的,如此说来,社会平等属于比经济效率更高层面的范畴,不属一个层面的事物缺乏可比性,也就无所谓孰重孰轻的问题。

可以说,社会福利是社会平等的衍生物,实现社会平等也无损经济效率。不仅如此,社会福利还具有稳定经济的功能。按照福利国家的经济学家观点:"社会福利本身就是企图调节和缓和难以驾驭的市场力量所带来的残酷后果的政治雄心中产生的(Kuhnle,2010)。"并且"公共部门的扩张以及支出的扩大,不仅是解决宏观经济问题的手段,而且也是实现更为平等社会分配福利的方法(埃里克·阿尔贝克,2005)。"

值得注意的是,即使经济方面起点、过程是公平的,如果结果差异长期过大,最后也会引起人与人之间的社会不平等。

8.3.2 不平等痛苦

不平等对幸福感的影响非常大,研究表明,工人的幸福感取决于与自己的同事相比,报酬分配是否公平(Yuchtman,1976)。平等造就幸福的典型就是北欧国家。北欧国家号称"人间天堂",通过对北欧国家的研究,学者总结出了幸福国家具有的几个特点:社会安定、社会团结、社会压力比较小。而不平等的社会恰恰不具备这几个特点,因而人感到了极大的痛苦。

1. 引起社会不安

犯罪不仅让受害人痛苦,而且也使所有人生活在不安之中。虽然人一生中不一定会遭遇到暴力犯罪的侵害,但是,生活在一个暴力盛行的社会,人对于暴力的恐惧就足以导致极大的痛苦,尤其是社会弱者妇女、老人、穷人。妇女不敢晚上外出,不敢夜晚回家;老人不敢给陌生人开门,甚至不敢出门……大约 1/3 的英国人认为,天黑之后在外行走不安全。英国和美国的民意调查一致显示,犯罪为国家面临的首要问题之一。

在一个不平等的社会,社会地位非常重要,人具有强烈的冲动实现和维持较高的社会地位,因而地位竞争也十分激烈。在这种竞争中,被剥夺获取社会地位和成功机会的人更多,社会生活遭到失败,相应地感受到羞耻和凌辱的人更多,因而暴力犯罪也会更多。进化心理学表明,人的社会地位决定了在性竞争中的成败。在性竞争中,对于女性而言,外表和身体的吸引力非常重要,而对男性而言,则是社会地位非常重要。心理学家巴斯发现,女性对潜在伴侣经济地位的重视程度是男性的两倍。当女性通过穿衣打扮增加性吸引力,男性则要拼命地获取社会地位,这就解释了感觉未被尊重和被凌辱是引发暴力犯罪的重要原因,还解释了暴力犯罪常常发生在男性之间,因为社会地位就是男性的身价。

研究已经表明,不平等与暴力犯罪两者之间存在着正相关(Pew Research Center,1993)。其中,凶杀和攻击犯罪与不平等相关性最高,抢劫和强奸次之。不仅如此,在联合国的《犯罪趋势与刑事司法体系运转情况调查》中,也发现收入不平等与凶杀案呈现正相关。2007 年,联合国儿童基金会关于富裕国家儿童幸福状况报告表明,在不平等较严重的国家,儿童被欺负、参与斗殴和冲突事件也更多。儿童时的暴力是对成年暴力倾向的最佳预测。

2. 导致社会分裂

一个国家贫富差距越小,社会也就越团结,也就会有更多的信任和合作,人的幸福感也就越高。正如战争期间领导人知道的,一个社会要想同仇敌忾,政府政策就必须公平,收入差距也必须小。在二战期间,英国实行的就是平等主义,只有公平地分担责任,才能在战争中赢得公众的合作。相反,在一个不平等社会里,社会关系质量较差,社会分裂成马赛克,人际冲突、争斗不断,由此也极大影响到人的幸福感。

心血管系统压力源的研究表明,比起工作压力、担心金钱以及其他困难,最重要的是"与他人发生冲突和紧张关系是日常生活中最令人压抑的事情"。不平等的社会里,当人选择朋友时,往往是与自己经济地位相近的人交往,而与自己经济地位相差较大的人交往较少,因而彼此也就难以产生信任与合作。不平等严重削弱了社会团结。正如 Tocqueville 所言,人们与非同一阶层的共鸣减少,物质差异使人们在社会中发生分裂。在一项关于欧洲和世界价值观调查中,社会平等与信任呈现出正相关。在具有较大平等的荷兰和斯堪的纳维亚国家,人的信任水平也非常高,最高的是瑞典,有66％的人认为可信任他人,而葡萄牙信任水平最低,只有10％的人认为可信任他人。在挪威,咖啡馆外的桌椅上常常摆放着毛毯,这是为客人喝咖啡时感到寒冷准备的,没有人担心顾客或路人会偷走毛毯。

马里兰大学政治学家Eric在《信任的道德基础》一书中认为,不平等影响信任。在与同事共同进行的一项研究中,Eric运用统计分析再次揭示,不平等影响信任,但信任对不平等没有任何直接影响。信任不可能在不平等的世界中繁荣发展,收入不平等是信任的"主要杀手"。Eric的分析还表明,收入不平等比失业率、通胀率、经济增长率对信任的影响都要大。信任他人的人比较乐观,并会强烈感受到自己就是生活的主人。而且在美国,信任他人者更可能付出时间和金钱帮助他人。信任不仅影响到个人幸福,同时还会影响到他人的幸福。高信任会增加安全感,消除疑虑,彼此之间也更容易成为合作者而非竞争者。信任与健康也有关联,信任他人者寿命也更长。

在一个等级分明、缺乏信任的社会,亲密关系和家庭生活也将受到影响。Frank的研究表明,在美国收入差距大的县,离婚率也最高。调查证明,不平等的国家的人选择配偶时,要比平等国家的人更多地考虑经济发展前景、社会地位和个人野心等因素,较少考虑浪漫关系。

不平等促使人要向上爬,结果又导致歧视和阿谀奉承。一个社会不平等状况越严重,向下歧视和向上奉承现象也就越强烈。这也被灵长类动物学家萨默形象地称为"自行车反应",对上级点头哈腰,对下级脚踢腿蹬。生活在等级森严社会中的动物,一方面必须满足头领动物的需要,另一方面又无情地攻击地位低下的动物。心理学家sidianias和Prato认为,人类社会发生的冲突和压迫,如种族主义和性别歧视,其根源就是社会不平等。在一个不平等的社会,人人都想成为主宰者,而在一个平等的社会,更多的人富有宽容和同情心。早在19世纪中叶,Tocqueville就认为,人与人之间物质生活水平的巨大差异成为阻碍人们产生同情的因素。正是物质条件的差异阻止了法国贵族对农民苦难的同情,同样的原因导致美国奴隶主对奴隶的痛苦无动于衷。

3. 增加社会压力

在一个不平等的社会,社会评价显得非常重要,当一个人社会地位较高时更容易感到自豪、自尊、自信。反之,当一个人社会地位较低时,就会感到焦虑、压抑。研究表明,在等级制度中所感受到的压力与所处地位负相关(Seeman和Crimmins,2001)。

现在心理学家使用身心疾病(paychophsiological illnesse)说明心理压力可增加身体患病的风险。心理状态可引起生理反应,如1999年4月23日从旧金山飞往伦敦的航班飞行3小时后,机组人员误告乘客飞机将坠入海里,尽管立即发现了错误并努力让受惊的乘客平静下来,但还是有几名乘客需要医疗救助(Myers,2003)。持续的压力就可能导致(生理方面)心脏病、癌症、中风和慢性肺病。

社会排斥让人血压升高,而社会支持却会增强人的免疫系统。人的精神会影响神经系统和免疫系统,压力会扰乱人体的平衡,当人感到压力、抑郁和愤怒时,身体也就容易生病,包括心脏病、传染病、肌体老化。当人处于严重压力之下时,人体就会发生应激反应。此时,人体就会释放能量因子,血管就会收缩,凝血因子进入血液,心肺工作加速。人体的感官和记忆力增强,免疫系统激活。以上都是身体面对压力时的应激反应。如果压力持续仅几分钟,那么这种反应对身体是健康、有益的保护,但如果压力持续几个星期,应激反应就会造成伤害。

社会地位对人的精神健康也非常重要,这可反映在人脑中化学物质的变化。复合胺和多巴胺是调节人类情绪的两种重要物质,当一个人感觉快乐和自信时,多巴胺的释放有益于大脑,有助于提高记忆力、注意力和解决问题的能力。复合胺能改善情绪,肾上腺激素可帮助人表现出最佳状态。当一个人感觉到威胁、无助和压抑时,身体分泌的皮质醇会妨碍思维和记忆。复合胺和多巴胺水平低,就容易引起抑郁和精神紊乱。北卡罗来纳州维克森林医学院的研究人员通过实验证明,在等级森严的猴子群体中,处于主导地位的猴子脑部多巴胺活动增加,处于从属地位的猴子脑部化学活动则没有增加。还有研究表明,公务员职务高低与死亡率成反比,最底层公务员的死亡率比最高层的高3倍。Wilkinson和Pickett运用世界精神卫生委员会资料研究发现,在不平等国家,罹患精神疾病的人口比例也更高。

一个充满竞争的等级社会,金字塔式的等级结构决定了大多数人处于社会地位的底端,因此,大多数人也就会感到焦虑和压抑,两者好似孪生兄弟,压抑的人会感到焦虑,而焦虑的人会觉得压抑,精神病理学家对焦虑和压抑采用相似的治疗方法。社会焦虑和不安全感是社会压力的最主要的原因。

对大多数人来说,社会地位低下是令人非常痛苦的。研究表明,辞职率、自杀与相对收入关联(Clark和Oswald,1994,1996)。在不平等的社会中,使用违禁药品也会很多,如可卡因、海洛因、安非他明。事实上,Wilkinson和Pickett研究表明,在不平等较为严重的国家,毒品的使用也更为广泛。在美国,不平等程度高的州,违禁药品的使用以及使用过量致死的人数更多。

不平等引起和增强了地位竞争压力,人必须不断努力地向上爬。富人一掷千金地购买奢侈品,并非完全是欣赏产品的"细节"和"手工",其主要目的是借此表明自己的优越地位。然而,富人的骄奢淫逸降低了他人对自己拥有东西的满意度。Layard(2009)将这种不满意视作富人给他人制造的代价。广告支出与不平等状况呈正相关,在不平等程度高的国家,广告支出占国内生产总值的比重也较高,美国和新西兰的比重就是挪威和丹麦的2倍。不平等滋生了人的攀比心理,广告则对这种心理大加利用,鼓励嫉妒性的攀比,让人不满足于已拥有的一切,而消费上攀比结果只是一场负和博弈。

不平等增加消费压力还有一个标志,就是工作时间随不平等状况的变化而变化。马萨诸塞州立大学经济学家Bowles研究表明,在经合组织国家中,不平等的国家不仅工作时间长,而且工作时间长短随不平等状况的变化而变化。在不平等的国家中,人的工作时间要比其他国家的人多2~3月。这8~12周的休假损失是不平等带来的一个昂贵代价。

总的来说,在一个不平等的社会中,社会不安、分裂,压力让人很难感受到长久的幸福,因为人对这些问题很难适应,因而就会不断地对人的认知、体验、记忆产生负面的影响。社会不平等往小讲是个人痛苦,往大说是社会危机。因此,无论何时何地,社会应高度重视收入不平等导致的社会不平等问题。

8.3.3 社会平等的实现

影响社会平等的因素或许较多,但要想实现社会平等就一定要减少收入差距,而要减少收入差距,一个行之有效的方法就是供给社会福利。

社会福利水平越高,社会也越平等,国民幸福感也越高。如今社会福利已成为了反映国民幸福感的一个重要指示器。Veenhoven(2007)的研究表明,拥有广泛社会福利的国家,享有更充分政治自由的民族,生活满意度也更高。同样,长期国际调查和比较研究也表明,社会福利水平排列降序为北欧、英法、美国,相应的幸福感排列降序也为北欧、英法、美国,社会福利与幸福感正相关。在没有社会福利或有但水平很低的情形下,即使人均收入较高,人也不会幸福。仅凭人均收入是无法真实反映一个社会整体生活状况的,Stiglitz 等(2010)就曾尖锐地指出,处于平均水平的个体极少或根本就不存在,不平等让平均数完全偏离了现实生活。只谈平均数可认为是一种避免谈论不公平的伎俩。人均收入只有在收入差距较小且国民享有广泛社会福利的情形下,才能真实反映一个社会的整体生活状况,否则人均收入只是一个人为粉饰太平的数字游戏。

供给社会福利实现社会平等,可从社会福利的资金来源分析。供给社会福利的资金来源主要是税务融资,而税收具有减少收入差距的作用。因此供给社会福利也就具有了减少收入差距的作用。

(1) 减少相对贫困。相对贫困与经济增长无关,而与收入差距过大有关,因此社会福利具有的再分配作用可减少甚至消除相对贫困。

(2) 满足公平偏好。人对收入差距极其敏感,由此也就表明人对于公平极为看重。人宁愿牺牲收入也要追求公平,由此说明公平不是社会生活中可有可无的奢侈品,而是一种缺乏价格弹性的必需品。同时也说明,公平并非一个经济问题,而是一个精神满足问题,特别是在衣食无忧的情形下,人自然会有更多注意力和能力关注公平,对公平的渴望自然也会更加强烈。因而公平对幸福感的影响也就更大。拥有普遍平等、广泛的社会福利本身就被认为是公平的一个具体体现,而且也切实具有减少收入差距的作用。可以说在一定程度内,社会福利水平越高,范围越广,收入差距也越小,也越能满足人的公平偏好,这点从社会保障的演变就可看出。社会保障从救济型发展到后来的保障型,进而发展到 20 世纪中叶开始的福利型,保障范围不断扩大,水平不断提高,福利型社会保障的产生就是为了更好地满足人的公平诉求。

通过供给社会福利减少相对贫困和满足公平偏好,可极大地增进国民幸福感,特别是满足公平偏好,公平偏好作为与损失厌恶、社会比较、享乐适应合称为影响幸福感的四大心理,也说明了供给社会福利满足公平偏好的重要性。

9 跨期选择

跨期选择指权衡不同时期成本和收益的决策。生活中这种决策无处不在,非常重要,无论是个人还是厂商、政府都会面临这种决策,如贷款买房、借钱购车;建造新工厂、开发新产品;斥资修建公路、学校、公园。这种决策不仅影响个人的健康、财富、幸福,而且能够决定一个国家的经济繁荣。1973 年,Samuelson 提出了贴现效用模型(Discounted-Utility model,简称 DU 模型),这一模型曾被经济学家广泛采用。模型中假设人具有单一的贴现率,而且在不同时期贴现率都是相同的。然而,模型假设没有得到研究和经验数据的支持。对于跨期选择中不同于标准经济学的异象,以下将一一加以介绍。

9.1 双曲线贴现

针对 DU 模型不能解释的异象,双曲线贴现模型(Hyperbolic-Discounting,简称 HD 模型)进行了解释。DU 模型假定人具有固定的贴现率,而 HD 模型则表明人具有递减的贴现率,即一个事物现在的价值,随时间推移,后来,再后来,再再后来……会不断贬值,但贬值速度会下降。双曲线贴现也意味人的时间偏好率是下降的,人短期贴现率高,表现为性急,如更注重现在收益、更愿消费、更易拖延、进行不安全性行为,长期贴现率低,表现为耐心,如更注重未来收益、更愿储蓄、拒绝毒品或进行不安全性行为。如此人在做决策时,如果成本和收益都发生在现在,就会做出较为短视的决策,而如果成本和收益都发生在将来,就会做出较有远见的决策。双曲线贴现被许多学者的实验所证明。

Thaler(1981)的实验中,要求被试回答这样一个问题,1 个月、1 年、10 年后分别得到多少美元,才能与现在得到的 15 美元没有区别。结果得到的货币值分别为 20 美元、50 美元、100 美元,由此贴现率分别为 345%、120%、19%。其他学者的研究也呈现出相似的结果(Benzion et al,1989;Chapman,1996;Chapman 和 Elstein,1995;Pender,1996;Redelmeier 和 Heller,1993)。学者研究还发现,人的偏好在两个未来奖励之间还会出现逆转,人更偏好最近的奖励。在 31 天后 110 美元与 30 天后 100 美元间选择时,人偏好前者,但在明天 110 美元与今天 100 美元之间选择时,又会偏好后者。这种"偏好逆转"不仅存在于人类中(Green et al,1994;Kirby 和 Herrnstein,1995;Millar 和 Navarick,1984;Solnick et al,1980),而且在鸽子行为中也表现出来(Ainslie 和 Herrnstein,1981;Green et al,1981),这些都与双曲线贴现函数相一致。

不仅如此,在人的一生当中,贴现率也会发生变化。有证据表明,贴现率随着年龄变化而变化。Mischel 和 Mentzner(1962)研究发现,随着年龄增长,人推迟享乐的意愿也会增强,然而,贴现率与年龄的关系还需具体区分。在针对19～89岁人群的实验中,学者发现,老年人贴现率比年轻人高,而中年人贴现率又比老年人和年轻人低(Harrison,Lau 和 Williams, 2002;Read 和 Read,2004)。如此说来,年轻人的贴现率比其父辈高,但又比祖辈的低,老年人的未来更加变化莫测。

以上双曲线贴现函数表明,人的时间偏好不是一致的,大量证据已证明偏好的动态不一致性。

9.2 DU 模型异象

在 DU 模型中,不仅假设贴现率不变,而且还假设跨期选择中不同情况的贴现率相同,如收益与损失、小额收益与大额收益、推迟得到收益与提前得到收益。然而,这种假设也与经验证据不相符。

9.2.1 贴现异象

大量证据已证明 DU 模型存在的问题,下面将介绍一些违背 DU 模型的异象。

1. 符号效应

符号效应(sigh effect)指人对于收益的贴现率要大于损失的贴现率。这可由前景理论解释。Thaler(1981)曾在一项实验中询问被试,如果你的交通罚单可推迟3个月、1年或3年支付,那么你分别愿支付多少? 结果,在上述情形中,被试的回答表明,其得到货币收入的贴现率比支付的贴现率高。

还有大量研究表明,在极端情形下,人倾向于尽快遭受损失,而非推迟遭受损失(Mischel et al,1969;Yates 和 Watts,1975;Loewenstein,1987;Benzion et al,1989;MacKeigan et al, 1993;Redelmeier 和 Heller,1993)。由此表明此时人对于损失的贴现率为0。损失带给个人的痛苦分为两部分,一个是由时刻惦记产生的痛苦——负期待效用,另一个是由损失发生导致的痛苦——负体验效用。尽快遭受损失可避免负期待效用。人不喜欢损失持续存在带来的痛苦,相反,希望快刀斩乱麻,尽快遭受损失,尽早结束痛苦,这就是所谓的长痛不如短痛。

2. 程度效应

程度效应(magnitude effect)指人对大额收益的贴现率低于小额收益的贴现率。在许多实验中,实验数额改变,贴现率也随之改变。大量实验证明,人对大额收益的贴现率低于小额收益的贴现率(Thaler,1981;Ainslie 和 Haendel,1983;Loewenstein,1987;Benzion et al, 1989;Holcomb 和 Nelson,1992;Raineri 和 Rachlin,1993;Shelley,1993;Green et al,1994; Kirby et al,1999)。在 Thaler 的实验中,被试分别认为现在的15美元与1年后的60美元无差异;现在的250美元与1年后的350美元无差异;现在的3000美元与1年后的4000美元无差异。在上述三种情形中,被试的贴现率分别为139%、34%、29%。显然,随着数额提高,贴现率出现逐渐降低的趋势。

3. 递增时序偏好

递增时序偏好(或上升偏好)指人偏好逐期改善的时序结果,而厌恶逐期变差的时序结果。人对刺激的变化非常敏感,适应和损失厌恶心理的存在让人偏好递增时序。与先甜后苦相比,人更喜欢先苦后甜。人喜欢先做令人痛苦的事,后做令人愉快的事,如大多数人喜欢先做家务后去餐馆享受美食,而非先去餐馆享受美食后回去做家务。

在 DU 模型中,当各期效用之和保持不变时,由于人会偏好一个递减的时序,而非偏好一个递增的时序。因此,面对两个消费时序(30,20,10)和(10,20,30),人会偏好前者。然而,众多学者的研究表明,人偏好递增消费时序。现实生活中,人喜欢渐入佳境而非每况愈下,就是最好的说明。Loewenstein(1991)的实验结果表明,当工作的其他条件相同时,面对收入时序模式的选择,被试偏好一个递增收入模式,而不是一个固定或递减收入模式。Hsee 等(1991)的研究也发现,一个呈现递增的时序工资总额(如 1000),可与一个总额更高(如 1200)但呈现递减的时序工资等价。

Frank 和 Hutchens(1993)考察了影响工资时序递增的因素,这些因素与生产率无关。二人特别考察了飞行员与城际大巴司机的情况。这两种人在其职业生涯的大部分时间中生产率都相对稳定,然而,当其退休时得到的收入却比刚工作时高出 600% 和 50%。对于这种工资增长,一般人认为是由以下 4 个因素所为:①公司投资;②法律保护劳动合同;③风险厌恶;④逆向选择。而两位研究者排除了这些因素,他们提出了一个预先承诺理论。该理论认为,一些行业的从业者在其职业早期,必须承诺接受一个与生产率无关的较低收入,并且当从业者的大部分生产活动必须与其同事合作完成时,这种预先承诺就很有必要。

Loewenstein 和 Prelec(1991)研究发现,被试面对连续的周末或月末所对应的两种或多种时序事物选择时,如宴会或旅行度假,往往偏好于将较好的事情留待最后。

除了针对收益时序的研究外,一些学者还对损失时序进行了研究。Varey 和 Kahneman(1992)的实验发现,被试非常偏好一个递减的痛苦时序,厌恶一个递增的痛苦时序,哪怕在其他方面相同和各期痛苦之和相等时也是如此。Chapman(2000)做过一个实验,让被试想象自己有一个持续的头痛,头痛时间会随着时间推移而逐渐减轻或加重。头痛的持续期包括分别为 1 小时、1 天、1 月、1 年、5 年和 20 年。实验结果表明,高达 82%～92% 被试偏好一个递减的头痛时序。Ross 和 Simonson(1991)的研究也证明了类似的结论。

上述研究结论与前面介绍的一些效应一致,如期待效用、参考点,特别是 Katz 等(1997)对肠镜检查所做的研究,其中,被试的记忆效用以及由此决定的决策效用与瞬时效用不同。根据峰终定律,记忆效用或负效用主要与时序末期的效用有关,而不是与时序初期的效用有关。

4. 推迟与提前不对称性

推迟与提前不对称性(delay-speedup asymmetry)指人对推迟获得回报要求得到的补偿要高于提前获得回报支付的代价。在跨期选择中,还有一个问题值得研究,就是获得收益的时间变化后,如推迟或提前获得收益的贴现率是否会发生变化。

Loewenstein(1988)研究表明,相对于给定的时间来说,推迟或提前获得收益的时间对贴现率的影响很大。在实验中,那些不愿明年获得一台录像机的被试,为了提前获得一台录像机,愿支付 54 美元,因为提前获得是一个可感受到的收益;相反,那些本可立刻获得一台录像机的被试,如果出现意外推迟,要求得到的补偿为 126 美元,因为推迟获得是一个可感受到的损失。显然,获得收益的时间推迟或提前,对贴现率有着很大影响。Benzion 等(1989)、Shelley(1993)的研究也得到了相同结论,其中有的研究与上面的研究不同,被试面临的是支付而不是获得,支付属于负收益,而获得为正收益。在这种情形中,被试对提前支付比推迟支付要求得到更多的补偿,由此反映出被试更愿意推迟支付,而不愿意提前支付,因为提前支付是一个可感受到的损失,而推迟支付是一个可感受到的收益。

对于推迟与提前不对称性,也可运用前景理论来解释,具体说就是运用参考点和损失厌恶进行解释。

5. 日期与时间跨度效应

日期与时间跨度效应(date/delay effect)指同一件事的时期表述不同,贴现率也会不同。

Read(2005)和 LeBoeuf(2006)研究都发现,对任何一个给定的时期,运用期末日表示该时期比运用时间跨度表示该时期,被试的贴现率要小。LeBoeuf 的实验证明了日期与时间跨度效应的存在。实验中,被试需回答以下两个问题:

A. 你认为现在得到 100 美元与 8 个月后得到多少钱等价。

B. 你认为现在得到 100 美元与 10 月 15 日得到多少钱等价。

显然,上述两个问题的内容并无差别,只是时期表述不同,但是实验结果却显示,被试对于问题 A 索要的金额更高,由此表明,被试对于运用时间跨度表述获得收益的时间的贴现率更高。在实验中,如果收益换成损失,结果也得到了类似结论。在损失实验中,发生损失的时间范围从 2 个月到 2 年不等。

事实上,运用前景理论和心理账户,也可对上述实验结论提供解释。如果一个时期采用日期表示,那么消费者就会将这个日期理解成一个相对抽象的时间点,由此消费者也就难以算出这个时期究竟有多长。但如果一个时期采用时间跨度表示,那么这个时期长度就被明白无误地显示出来,消费者知道了时间跨度,也就会更加在意时期的长度。

如果被试觉察到的时间越长,使用的贴现率也就越高,那么,这一结论可以激发很多政策启示。

9.2.2 消费非独立性与结果分散偏好

行为经济学研究表明,人的消费选择并非是独立的,而且人更偏好于结果的分散。

1. 消费非独立性

消费非独立性指在同一时点上存在两个消费选择,尽管这两个选择的消费特征相同,但人的偏好却会不同。Loewenstein 和 Prelec(1993)的实验证明了这点。

当被试面临一个"简单"的选项时：

A. 下一周末享用法国餐厅梦幻晚餐。

B. 下下周末享用法国餐厅梦幻晚餐。

大部分人会偏好 A 选项。这个选择很正常，因为一个事情发生越晚，该事情的贴现效用也就越低。然而，当被试面对一个"复杂"选项时：

C. 下周末享用法国餐厅梦幻晚餐，下下周末在家吃饭。

D. 下周末在家吃饭，下下周末享用法国餐厅梦幻晚餐。

结果就与前面的"简单"选择不同了，在面对"复杂"选项时，大多数被试又会偏好 D 选项。然而，究其实质来说，"简单"选项 A 和 B 与"复杂"选项 C 和 D 实际上是相同的。这也说明，"复杂"选项中存在框架效应，该效应的作用使得被试出现偏好逆转。当然，也说明被试具有递增时序偏好。

2. 结果分散偏好

Loewenstein 和 Prelec(1993)的实验还发现人具有分散结果的偏好。在实验中，被试得到两张虚拟的享用法国大餐优惠券，那么在下面两种情形中：

A. 优惠券使用期限为两年。

B. 优惠券没有使用期限。

被试何时使用这两张优惠券呢？实验结果表明：在优惠券存在使用期限的情况下，被试计划享用法国大餐的时间较晚，为 8～31 周。在优惠券不存在使用期限的情况下，被试计划享用法国大餐的时间较早，为 3～13 周。由此表明，当不存在时间限制时，被试计划享用大餐的时间跨度短于两年时间。当存在两年时间限制时，被试反而计划将享用大餐的时间安排得更加分散一些。当然，运用锚定效应也可对此加以解释。

3. 收入分散偏好

前面说明人偏好结果的分散，其实人也偏好收入的分散，此也被称为"收入的平滑性"。

有一个现实例子可对此做出很好的说明。在美国的加利福尼亚州，接近一半的联邦学区为教师领取年薪提供了两个选项：

A. 分 10 个月领取年薪。

B. 分 12 个月领取年薪。

按标准经济学的观点，教师会选择 A，早点领完年薪，然后储蓄起来还可获得利息收入。但实际情况却是大约 50% 的教师选择了 B，虽然这样做会损失可观的利息收入，但还是愿分 12 个月领取年薪(Mayer and Russell,2005)。对此学者的解释是，分 12 个月领取年薪可让收入更加分散，由此可更好地控制支出。后来对教师的调查也证明了这一解释。

9.3 跨期贴现模型替代

为了说明不符合 DU 模型的跨期选择现象，学者还提出了一些其他的模型。其中有的模型放松了固定贴现率的假设;有的模型在瞬时效用函数中加入了其他因素,如期望效用;有的模型则彻底地背离了 DU 模型,如包括对于未来效用的系统性预测偏差。下面就对这些替代模型加以简单介绍。

1. 习惯形成模型

在经济学中,习惯形成模型具有悠久的传统,其最早可追溯到 Duesenberry(1952)。他认为,目前效用不仅取决于目前消费,还与过去消费有关。大多数习惯形成模型认为,如果人过去消费越多,那么目前只有消费更多才能获得更多的效用,由此导致人更加愿意目前消费。习惯形成模型也被认为反映了人的递增消费组合偏好。

2. 前景理论模型

在前景理论中,一个特别重要的概念就是参考点。如果将过去的消费当作目前消费的参考点,那么,参考点模型就与习惯形成模型完全相同。然而,参考点模型中的目前消费不仅与过去有关,而且还与社会比较、未来预期有关。

前景理论的另外两个重要概念就是损失厌恶和边际敏感度递减。Loewenstein 和 Prelec(1992)运用这些特征,解释了程度效应、符号效应、推迟与提前不对称性。在分析中,他们使用了效用函数弹性(elasticity of the utility function)的概念。这一概念"抓住了这样一个重要特征,也就是人对于收益的变化数量和程度都很敏感"(Frederick et al,2002)。如此,时间偏好就会出现变化,人认为目前得到 10 美元与 1 年后得到 20 美元无差异,但对于目前得到 100 美元还是 1 年后得到 200 美元,却会偏好 1 年后得到 200 美元。由此可见,人对于较大的数量使用了较小的贴现率。即使时间偏好不变,相对于 10 美元与 20 美元的差异,人对于 100 美元与 200 美元的差异也会更加敏感。

Loewenstein 和 Prelec 还运用损失厌恶解释了符号效应和推迟与提前不对称性。在损失厌恶的情形下,人对收益的贴现大于对损失的贴现。同样,在损失厌恶的情形下,无论是提前还是推迟消费,人都不愿意接受。人能够预期到这一点,一个时期消费增加了,必然意味着另一个时期消费减少。提前消费得到的收益要小于推迟消费遭受的损失。将损失厌恶与参考点结合,还可分析持久收入说(Friedman,1957)。依据线性的持久收入说,未来收入变化会影响消费水平,但却不会影响消费增长率。未来各期的消费会以相同的比例增加或减少。然而,就如 Bowman 等(1999)指出的那样,由于损失厌恶的原因,未来收入水平的下降不会使目前的消费水平下降很多,但是,由于人必须重新安排各期消费,因此未来消费也可能会出现较大的下降,因此,消费增长可能对未来收入下降要比对未来收入上升更加敏感。Shea(1995a,b)的两项研究也证明了这一假说。

3. 期待效用模型

好事的结果让人幸福,好事的期待过程也让人幸福。愿意等待就是负时间贴现,如果人面对令人愉悦的事件时,就可能将事件推迟享受,如与电影明星亲吻;相反面对令人痛苦的事件时,就会尽快承受,如接受不致命的 110 伏电压电击,Loewenstein(1987)进行的来自好莱坞明星亲吻的实验就说明了这点。相对于一会就能得到亲吻的学生来说,一周以后才能得到亲吻的学生要更加幸福,因为在这一周的时间里,他们会经常想象自己与心仪明星接吻的情景,每想象一次犹如亲吻一次,因而会有持续的幸福感。Loewenstein 的模型认为,目前消费只有消费效用,而未来消费既有消费效用,又有期待效用。人往往偏好消费的改善,愿意很快熬过一段低消费的苦日子,而不是推迟苦日子。期待效用会使人一再推迟消费,本来为了获得期待效用,人会推迟消费,当推迟消费日子到来之时,人为了获得快乐的期待,就有可能再次推迟消费。当然也有例外,等待一个好的结果可能是令人难耐的,或情愿推迟一个坏结果的到来,以免破坏了现在的美好时刻。期待效用模型还可解释为什么不同事情的贴现率不同。期待效用的存在,会使人们低估贴现率,期待效用越大,人低估的贴现率也就越多。如果人对未来苦日子的恐惧高于对未来好日子的享受,就像现实中常见的那样,那么,期待效用的存在就会产生符号效应。

在未来结果不确定的情形下,分析就会更加复杂一些,Caplin 和 Leahy(2001)指出,很多期待的情绪是由未来不确定性引起的,如渴望和焦虑,这些情绪会影响人对未来的判断,他们的模型融合了期待效用与期待情绪。

4. 本能效应模型

本能效应模型融合了饥饿、疼痛、睡意等本能因素。Loewenstein(1996,2000b)认为,经济学应更认真地对待这些临时波动体验的意义。

本能因素对跨期选择有着重要的影响。增加一些事情的吸引力,可引起人的急躁和冲动。本能的作用也可解释偏好逆转,时间临近可刺激人的本能,一份临近的报酬就可刺激人的食欲(Laibson,2001;Loewenstein,1996)。空间临近通过景象、声音、气味也可刺激人的本能。由于人往往不能完全意识到这些刺激对本能的作用,因此,人也就不能对这种作用做出最优反应(Loewenstein,1996,1999,2000b)。如当本能影响很大时,常常会高估这种状态持续的时间;反之,当本能影响较小时,常常又会低估这种状态对未来的影响。更为重要的是,人往往偏好于对一些强烈的本能不做出反应,甚至还会顺从这些本能,如对愤怒、害怕这些本能就是如此。对此,可运用 Kahneman 对体验效用与决策效用的区分解释这种情形。体验效用反映了人获得的福利,决策效用反映了一个选择的吸引力。如果决策效用提高了,超过了体验效用,那么,在本能因素的作用下,人就会做一些并非让自己幸福的事。

5. 诱惑模型

禁不住诱惑意味着人没有考虑未来效用。标准经济学认为,消费者会权衡即期效用和未来效用,进而确定一个最优数量实现跨期效用最大化。然而,标准经济学不能解释消费诱惑现象。诱惑实质上是消费者想得到一些不应得到的东西。一些商品可产生即期效用,但未来会产生负效用,如抵不住甜点的诱惑而喜欢吃甜点,如此会导致未来体重增加。诱惑还会导致后悔,受到诱惑消费了一些本不该消费的东西,后来又会感到后悔。生活中,人感到戒烟和减肥很难,双曲线贴现就可解释原因。虽然大家明知戒烟和减肥的好处,但与未来的好处相比,目前再抽一支、再吃一口的现实诱惑实难抵御。

拥有抵住诱惑的自律,对一个人的学业成绩非常重要。冲动的儿童随年龄增长其表现会越来越差,自律被誉为获得学业成就的星光大道。沃尔特·米歇尔的经典研究表明,愿吃眼前一颗棉花糖的孩子,比愿等待几分钟得到两颗棉花糖的孩子表现要差。自律对学业成绩的预测性比智商对学业成绩的高出约两倍。如此可说明美国男生与女生的学业差距。尽管平均而言男生的智商不比女生低,事实上男生在智力和能力测试中还要略高一筹,但从小学到大学的主课中,女生通常比男生成绩好。既然智商不能解释男生与女生的成绩差距,那么抵住诱惑的自律就可提供答案。社会心理学家罗伊·鲍迈斯特指出,自律是所有美德的皇后。

大学时光中,"枯燥"的学习让人更是抵不住诱惑,只顾眼前的即期效用而忽视未来效用,结果浪费了大量的宝贵时光,踏入社会后激烈的职场竞争可能让其感到贴现率过高的遗憾,只是这时后悔晚已。在美国,一项针对成年人的调查中,最常见的悔恨是未能更严肃地对待自己学业。其实,人对枯燥学习生活会逐渐适应或出现边际敏感度递减,结果经过一段时间后也就不会觉得当初那般枯燥了,而且对于将来美好的期待还可产生持续的期待效用,这也是激励自己学习的强大动力。另外,还可以设想,枯燥之余看电影,与无所事事时看电影,两者的效用显然不同,紧张后放松与无紧张的放松相比,前者会感觉更好,这就是学生期末考试完后的感受,后者只能让人感到无聊。

6. 投射偏差

人在预测自己的偏好变化时,常常会低估偏好变化的程度,这就是投射偏差(projection bias)的含义。

人的口味是随着时间变化而变化的,但人常常低估了这种变化的程度。本能改变、习惯形成、参照点变换都会导致人低估偏好的改变程度。Loewenstein等(2000)列举了大量证据证明了投射偏差的广泛存在,同时提出了投射偏差模型。他们分析了人习惯形成中存在的投射偏差,投射偏差越严重,人就越倾向于低估未来效用,这与短视行为很相似。投射偏差对于行为和福利有着重要的意义。如人会低估目前炫耀性产品消费对自己未来消费水平的影响程度,从而过多地消费炫耀性产品,从而就会降低未来消费产生的幸福。当跨期消费受到投射偏差的影响时,就会扭曲对时间偏好的估计,过多地贴现未来消费。

7. 心理账户

前面的心理账户理论表明,不同账户中的资金并非可相互替代,一个心理账户中的资金对应一个类型的支出(Thaler,1999)。人往往将少量的资金记录在零花钱账户,将大量的资金记录在储蓄账户。人更喜欢花零花钱账户中的钱,由此表明,人对于零花钱账户的贴现率较高,对储蓄账户的贴现率较低。依据这种心理账户管理规则可知,人在购买小件商品(如一双新鞋子)时非常随意、大方,而在购买大件商品(如一个新柜子)时又会精打细算。

Prelec和Loewenstein(1998)也分析了心理账户对跨期选择的影响。人在购买有些商品时,由于负债消费会影响人的效用,因此有时就不喜欢分期付款消费,而偏好于采用预先支付全部价款的方式,如此可以避免消费完毕面临的"付款痛苦",这就是负债规避。负债规避可解释心理账户中分期付款消费的产品差异,支付隔离也可说明这种差异。

此外，人还偏好工作完成之后领取报酬，而不是工作完成之前领取报酬。Prelec 和 Loewenstein(1998)的研究还表明，支付痛苦的程度受到个人之间异质性的影响，而不是受到时间偏好的影响。吝啬鬼不愿享受丰盛的晚餐，不是因为他考虑到享受晚餐具有未来消费的机会成本，而是因为他认为支付晚餐的痛苦会极大降低享受晚餐的乐趣。

为了研究个人消费的异质性，了解花钱习惯的个体差异，Loewenstein 和 Rick(2007)设计了一个 ST-TW(挥霍-吝啬)调查问卷。问卷要求被调查者对自己是吝啬还是挥霍进行打分，打分标准分为 1～11 等级。在 2004—2007 年长达 31 个月的时间里，一共回收了 13 327 名被调查者的回答。依据问卷的回答情况，他们将被调查者分为 3 类：吝啬型、中间型、挥霍型。结果发现，总体来说，男人要比女人吝啬很多；年轻人要比老年人挥霍很多；人接受教育程度越高越吝啬；吝啬的人要比挥霍的人更多，两者比例为 3∶2；吝啬的人对价格更敏感，而挥霍的人则对产品品质和购物带来的乐趣更在意。

非常有趣的是，调查结果还表明：对已婚的人来说，花钱越是抠门的小气鬼，越喜欢花钱挥霍的败家子，而花钱越是挥霍的败家子，越希望找一个抠门的小气鬼，都喜欢能够取长补短消费异质的人。而对未婚的人来说，都想与具有与自己相似消费倾向的人结婚，都喜欢"志同道合"消费同质的人。显然，已婚与未婚的人偏好相差很大，或者说，婚前的理想与婚后的现实差别很大，婚姻会引起双方很多方面的偏好逆转，事实上，这就是普通人的真实生活写照。

9.4 社会政策启示

前面介绍的一些跨期选择模型，其对于政府公共政策制定也会有不少的助益。

1. 社会保障

社会保障的发放形式与收益形式有关。在美国，现金通常是按周发放，食品券却是按月发放。与现金相比，采用食品券的形式发放收益有一个优点，就是可避免人购买与社会保障无关的产品。但是按月发放食品券也有一个缺点，就是可能导致起初几天消费过多。Shapiro(2005)的研究表明，在食品券发放的一个月中，人的消费呈现出逐渐减少，表现在人的卡路里摄入量逐渐降低 10%～15%。因此，如果政府的社会保障政策能够做出一些调整，将食品券的发放时间由按月发放改为按周发放，则能实现均衡膳食，提高人的福利水平，当然，这也会增加社会保障发放的交易成本。

2. 社会工程

社会提供的工程包括道路、公园、学校、医院、水厂、电厂等等，这些基础设施往往由政府公共投资建设。政府在计算公共工程成本和收益时，必须确定一个合理的贴现率，以便制定出最优投资决策。

Evans 和 Sezer(2004)的研究表明，不同国家在确定贴现率时，方法差异非常大。如德国根据资本市场数据确定的实际利率为 3%；法国根据资本边际产品确定的实际利率为 8%；英国 2003 年放弃了根据资本成本确定利率的方法，根据社会时间偏好确定的实际利率为

3.5%。Evans 和 Sezer 认为,英国确定的实际利率是合理的。人们或许会认为,政府公共投资不存在时间偏好不一致性和自我控制问题,然而,政府往往会将短期选举利益置于长期预算问题之上,因此,政府常常就会确定一个较高的官方贴现率。Evans 和 Sezer 对澳大利亚、法国、德国、日本、英国、美国等国家的官方贴现率和社会时间偏好率进行过估计和检验。结果表明,只有德国的官方贴现率是低于社会时间偏好率的,其官方贴现率为 3%,估计的社会时间偏好率为 4.1%。法国的官方贴现率与社会时间偏好率差异最大,其官方贴现率为 8%,估计的社会时间偏好率为 3.5%。

政府确定贴现率可非儿戏,其对未来社会的影响极大。如果政府的贴现率大大高于社会时间偏好率,那么就会导致一个严重的问题,也就是对后代人来说,会出现社会公共投资严重不足的问题,影响后代人的幸福感。

3. 社会环境

社会学家将经济活动中的贴现率推广到社会活动之中,提出了社会贴现率概念(social discount rate)。社会贴现率越高,也就意味着现在越重要,社会越容易出现"短期行为",人也就越容易"及时行乐"。社会贴现率越高也意味着人对未来失去信心,社会道德、操守、风气会不断恶化,社会也会出现动荡,人的幸福也就无从谈起。如果依据错误的社会贴现率制定社会环境政策,同样也会损害后代人的利益。很多研究已表明,由于各国时间偏好不一致,有些国家的社会贴现率很高,使得在实施和推广《京都议定书》的过程中遇到了很大的阻力(Winkler,2006)。这些国家短视造成的环境负外部性,将会对未来人类社会总体福利产生极大的消极影响。

10 过度自信

美国独立战争的领导人 Franklin 曾言:"有三样东西极其坚硬,钢铁、钻石以及认识自我。"标准经济学假设人是理性的,而行为经济学研究却证明,过度自信导致人在评断时往往呈现出非理性,自以为是,结果就是很难正确认识自我。可以说,过度自信或者说自负在生活中很常见,无论是权贵精英还是普罗大众,说话做事皆易信心满满。

10.1 过度自信的表现

过度自信(overconfidence)指人由于盲目乐观和认知偏差而常高估自己的能力。过度自信是人的一种常见病,Barry(1998)指出:"无论人的年龄、性别、信仰、经济地位或种族是多么的不同,有一种东西是相同的,就是在每个人内心深处都确信——自己比他人要强。"人都相信自己在主观的、令人向往的特质方面都强于他人,这种偏见在现实中大量存在。

(1) 道德伦理:大多商人都自认为道德水平比同行高(Brenner 和 Molander,1977)。在美国的一次调查中,有这样一个题目:"在一个百分制的量表上,你对自己的道德和价值评价为多少分?"结果 50% 人给自己的评价都在 90 分以上,只有 11% 人给自己的评价为 75 分以下(Lotett,1997)。

(2) 工作能力:对国内 10 000 名高中三年级学生的调查显示,在领导能力方面,70% 学生自认为高于平均水平,只有 2% 学生自认为低于平均水平。在人际交往能力方面,所有学生都自认为在平均水平之上。或许高中生心智还未完全成熟,调查不一定具有说服力。随后研究者又针对大学教授进行了调查,结果显示,94% 被调查者自认为工作能力比普通同事强。由此证明,拥有较多知识的教授其实与普通人一样,在自我评价时也易出现夜郎自大。90% 经理对自己成就的评价高于同行(Freneh,1968)。在澳大利亚,86% 人对自己的工作业绩评价高于平均水平,只有 1% 人低于平均水平(Header 和 Wearing,1987)。大多数外科医生认为自己的患者死亡率要低于平均水平(Gawande,2002)。

(3) 自己优点:在荷兰,大部分高中生认为自己比其他的高中生更诚实,更友善,更可靠,更有恒心,更有独创性(Hoorens,1993,1995)。

(4) 聪明才智:大部分人觉得自己比周围的人更聪明,更英俊,更没有偏见(Wylie,1979)。当有人超过自己时,又往往倾向于将对方看成天才。美国北卡罗来纳大学心理学家 Alicke 教授研究发现,在衡量自己的各方面品质时,70% 以上的人都会给予过高评价。即使那些平日板着脸不会笑的人,他也会认为自己的幽默感比普通人强。

(5)赡养父母:大多人认为自己对年迈父母的赡养要比兄弟姐妹多(Ierner et al,1991)。

从道理上讲,怎么可能每个人都高于平均水平?从原因上说,就是过度自信心理作祟。大部分人自认为更聪明,更公正,更漂亮,驾车技术更高等,这种心理被称为"乌比冈湖效应(Lake Wobegon effect)",在美国作家 Keillor 的小说《乌比冈湖的日子》中:"所有的女人都很漂亮,所有的男人都很强壮,所有的孩子都超乎寻常地聪明。"

过度自信虽可让人自我感觉很好,但结局却往往非常悲惨。

10.2 过度自信的教训

无论中外,由于过度自信犯错和造成的损失非常多。1899 年,美国专利局局长 Duell 断言,所有可发明的东西都发明出来了。然而,现在给我们带来极大幸福感的洗衣机、冰箱、电视、手机、互联网等产品的诞生,就是对此人过度自信的最好回应。1964 年,20 世纪福克斯制片公司创始人 Zanuck 认为,电视机不会有任何市场,有谁愿意每天晚上盯着一个盒子看。结果事实证明,长期以来,很多人的主要娱乐方式就是看电视,甚至沉溺其中难以自拔。1965 年,耶鲁大学教授对 Fred Smith 的毕业论文如此评说,快递这个主意听起来有点意思,但分数只能得 C,因为它根本行不通。然而,其凭借着天才的构想,创建了闻名遐迩的联邦快递公司。结果该事例成了对并无实际经验却只会在黑板上讲挣钱和管理教授的讽刺。1968 年,全球销量最大的商业杂志《商业周刊》如是说,日本车想在美国市场占有一席之地?白日做梦!事实是,日本车契合了美国消费者看重外观的偏好,凭借新颖的外观在美国市场长驱直入,2008 年将美国多个汽车企业逼得破产重组,日本的丰田公司也取代了美国的通用公司,成为了全球最大的汽车企业。

或许外国的事例离我们有些遥远,下面我们看看发生在身边的、最近的、狂妄自大的事实。2010 年年初就有人声称,中国房价已见顶,2010 年大城市房价将大跌一半以上。结果铁的事实是,2010 年北、上、广、深房价呈现大幅上涨。涨幅最小的广州为 23%,涨幅最大的北京为 42%。此事引起了民众的调侃——与专家预测相反的才是正确的。众所周知,在一个不确定的市场中没有专家只有赢家。所谓的专家在投资中表现出的过于自信,往往会给他人带来巨大损失。2010 年中信建设证券发布报告,2010 年中国股市指数最高将达到 5000 点。结果却是当年上证指数下跌 14%,成为当年全球表现最差的股市之一。可以想象,一份由一群自负的人所写的研究报告,会误导多少涉世未深的股民,又会增加多少人对所谓专业人士的轻蔑。然而,时至今日,各种斗胆的预测并未停止,相反是长江后浪推前浪。

风靡一时的"布朗旋风"也是过度自信的一个笑柄。美国地球政策研究所所长莱斯特·R·布朗,是一位著名的环境学家,被《华盛顿邮报》誉为"世界上最有影响的一位思想家"。他曾先后荣获美国麦克阿瑟天才学术奖、日本蓝色星球奖、联合国环境奖、世界自然基金会金奖等。其 1984 年创刊并发行至今的《世界现状》年度报告,则被誉为全球环保运动的圣经。1994 年 9 月,布朗先生出版报告《谁来养活中国》,结果引起国内外媒体的广泛关注,国内学者更是口诛笔伐地群起攻击。布朗提出了一些令人惊讶的预测,他认为,到 2030 年中国粮食供求将出现几亿吨的缺口,相当于预期未来消费量的四成左右。由于 20 世纪 90 年代国际粮食出口量大约2亿吨,因此中国每年进口几亿吨粮食将引起世界粮食市场的极度紧张,其他许多需要进口粮食的地区会因为买不起粮食而发生饥荒,布朗的这番分析在国内掀起了巨大波澜,被称为"布朗旋风"。然而,对于布朗充满自信的预测,世界银行、联合国粮农组织、美国农业部、世界食物政策研究所的研究表明,在比较可能的假设条件下,中国在21世纪20~30年代人口高峰时期的粮食进口量,最多几千吨而非几亿吨。

其实这里的数字准确与否根本就不重要,重要的是布朗在分析方法上犯了一个极大的错误,即忽视了一个最基本的经济学常识——价格不仅影响需求量也影响供给量。有数量必然要有价格,从需求来说,两者关系为价高量少,价低量多,这就是需求规律,该规律揭示的最深刻道理就是有量必要价,二者不可分割。从供给来说也是如此。事实上,现实中极少有人注意这点,结果预测也就成了胡测。如某市计划5年内吸引百万大学生留市,这里只有量却无价(劳动市场工资),那么这一数量如何达到?

回到"布朗旋风",即使中国从国际市场大量进口粮食,引起了粮价上升也不会引起世界饥荒。因为从动态的角度看,伴随着国际粮价上升,其间供需双方也会做出相应调整,从需求看:一是中国粮食进口量减少;二是国内工业用粮减少;三是国内饲料用粮减少;四是国内粮食浪费减少。从供给看:一是刺激国内粮食生产增加;二是刺激世界产粮大国粮食生产增加;三是刺激农业科技发展;四是刺激寻求替代食物来源,如马铃薯主食化、开采南极磷虾等。南极磷虾被誉为"最后一个宝藏",蕴藏量十分惊人,达几亿吨甚至数十亿吨,被誉为"世界未来的食品库"。显然,"布朗旋风"是杞人忧天、错误满篇,国内学者的口诛笔伐也多是情绪宣泄。二者都犯了一个重大的、基本的方法错误,即用静态的方法,以现在推测将来,而没有考虑价格变动引致供求调整的动态过程以及发生的概率。

值得特别指出的是:如果长期分析或预测未考虑变量变动的动态调整过程以及发生的概率,那么这种分析或预测都是错的。令人遗憾的是,现实中这种错误大量存在,更严重的是犯了错还不知。事实上,由于信息不完备——实际上人们根本不可能知道未来价格水平,相应地也就无法知道未来的供求数量,使得分析或预测变量变动的动态调整过程根本就不可能,因此长期分析或预测毫无科学性,也无任何价值,就如预测1年后的今天天气如何,股价如何。即使运气好预测对了也非能力而是偶然,而预测错了则是必然。基于此理,计划经济中的计划制定存在先天不足,相对而言,由瞬息万变的市场配置资源浪费会损失要小一些。

无独有偶,犯类似错误的还有一位畅销书作家。1968年,生态学家、畅销书作家Ehrlich出版了一本畅销书《人口爆炸》(Population Bomb)。其在书中做出了许多惊世骇俗的预测。该书开篇第一句话就耸人听闻:"我们已输掉了养活所有人的战争。到20世纪70年代,将有成千上万的人饿死。"然而,事实证明Ehrlich的预测错的一塌糊涂。尽管在20世纪70年代中期和末期发生过两次"石油危机",但在这10年间,经济仍然保持持续增长。不过,这位喜欢危言耸听的作家依然不断获得好评。他在一系列备受瞩目的著作、文章、演讲中又斗胆预言,很多矿产供给将在1985年濒临枯竭。

对于Ehrlich语不惊人死不休的预测,经济学家Julian L Simon实在看不过去,站了出来。他的预言与Ehrlich的截然相反,他认为,20世纪70年代和80年代,人类福祉将持续改善,原材料价格将不断下降。Simon以此向Ehrlich提出挑战,后者接受了挑战。1980年两人专门就资源价格问题进行打赌,5种重要金属(铬、铜、镍、锡、钨)的实际价格在1990年是升还是降?经济学家让生态学家挑选金属种类。结果事实再次证明Ehrlich的预测错了。在20世纪80年代的经济繁荣期,原材料价格出现持续10年的下跌。至此,生态学家只能认赌服输,将一张576.07美元的支票送给经济学家。

Ehrlich的预测错误也在于不懂经济学,只看到世界人口增长的负效应,即只考虑需求增加——要吃饭的嘴。显然,Simon对经济学有着深刻理解,他还考虑了世界人口增长的正效应,即供给增加——会干活的手和会创造的脑。而且Simon还考虑了经济自由和国际贸易对经济增长的巨大推进作用。其实技术进步对资源价格和经济增长的影响也非常大。即使如此,Ehrlich仍然继续出版他那些大受欢迎的书,一如既往地错误预测未来环境末日。而Simon依然继续他严谨的分析和正确的预测。他的预测结集为《没有极限的增长》(Ultimate Resource,1998)出版,但他的书没有一本是畅销书。如此,不免让人思考这样一个问题:畅销是否等于正确?现实何以如此匪夷所思?一个可能的经济解释是:两位学者提供的是不同产品。Simon提供的是正确的经济分析,而Ehrlich从事的则是一个完全不同行业,即娱乐消遣行业,类似于恐怖小说和科幻电影。显然,对普罗大众来说,恐怖小说的需求远远超过严谨、枯燥的经济分析。

后来丹麦统计学家Lomborg在其《多疑的环境保护主义者》(*The Skeptical Envirmentalist*,剑桥大学出版社,2001年版)一书中,再次证明了Simon的结论。然而,Lomborg最初的动机是想推翻Simon的分析,结果没有想到自己的研究反而证明了Simon的结论。耐人寻味的是,Lomborg的研究发表后,其人身遭到了意外攻击。有一次公开演讲时,有人将奶油派扔到了他脸上和衣上。他还被具有官方背景的科学团体诅咒为"知识界的败类"。最终,所有的指责和控诉都被否定。由此一个值得社会汲取的深刻教训是:有时候,一个正确的经济分析要比你能想象的还要危险。因为人喜欢听好话,却不喜欢听应该听的话。

权力越大,过度自信导致的损失也越大。1976年,加拿大蒙特利尔政府获得了奥运会主办权。市政府满怀信心地宣布,整个奥运会只需花费1.2亿美元就可办成。田径比赛将在世界上第一座装有活动屋顶的体育馆举行。结果虽然奥运会如期举行,但体育馆屋顶直到1989年才完工,而且单就屋顶建设就花费1.2亿美元。为此蒙特利尔市政府欠下大量外债,直到2007年末才得以还清。同样,历史上好战的狂人给人类带来过巨大劫难。充满自信的希特勒1939—1945年间在欧洲发动战争;自以为是的勃列日涅夫1979年指挥苏军大举入侵阿富汗;狂妄自大的萨达姆1990年指挥军队侵入科威特……结果这些好战之徒都以惨败收场,都被钉上了历史的耻辱柱,遗臭万年。

最后需要特别注意的是,千万不可小看过度自信的危害,过度自信有时是会要命的。对自己的生命来说,根据日本政府所做的《国民健康营养调查》(2006年,厚生劳动省),在40岁至74岁的日本人当中,每3个人中就有1个糖尿病患者或潜在的糖尿病患者。然而,那些体重超标的人往往对此并不以为然,认为自己不会患糖尿病。等到他们确诊后则悔之已晚。对他人的生命来说,法律中有故意与过失犯罪之分,过失犯罪的一个原因就是过于自信。如果过于自信造成他人死亡,就可能触犯刑律。

以上列举的过度自信事例只是沧海一粟,发生在中外名人俗子中的过度自信比比皆是,如果你以为过度自信只会发生在他人身上，不可能出现在自己身上，那你就已经过度自信了。

10.3 过度自信的原因

人的天性和后天形成的偏见让人很容易相信自己是正确的。有 3 个原因导致了过度自信。

10.3.1 盲目乐观

很多情形下人会毫无理由地乐观。虚幻的乐观会增强人的脆弱性。由于相信自己总能幸免于难，因此往往就不会采取预防措施。

美国罗格斯大学学生会认为自己比其他同学更可能找到好工作，获得高薪，拥有自己的住房，而对于诸如酗酒成瘾，40 岁前突发心脏病，遭遇枪击等这些消极经历，更可能发生在别人身上而非自己身上。在苏格兰和美国，大部分处于青春期后期的学生认为自己感染艾滋病的可能性要比同伴小得多(Abrams,1991)。在经历 1989 年的大地震之后，旧金山湾区的学生曾一度放弃了这样的乐观看法——"我不可能像其他人那么容易遭遇天灾人祸"。然而，仅仅过了 3 个月，虚幻的乐观再度复燃(Burger 和 Palmer,1991)。

商业活动中，大多创业者都对自己的创业计划充满信心。当问及自己创业成功的概率时，80% 以上的创业者认为自己成功的概率为 70%，33% 的人认为自己的企业一定能成功。然而，残酷的现实却是：研究表明，创立一个企业面临着巨大的风险，第 1 年有 40% 的企业会失败。第 5 年有 60% 的企业会倒闭；第 10 年有 80% 的企业会关门。更为重要的是，自己创立企业头几年挣的钱远远少于给他人打工挣的钱。统计显示，中国大学生创业失败率高达 97%。新浪一位中国人力资源部总监曾说："在我接触的学生创业群中，创业的失败率是 99%。"

我们常见到这种情景，在同一个地方，商家一个接一个关张。然而，还是不断地有新商家开张，而且每个新商家开张时，无不信心满满，似乎都相信自己能在无数人跌倒过的地方取得成功。那么，在如此高失败率的情况下，为什么还有如此众多的投资者愿投机呢？标准经济学认为，企业家就是赌徒，其风险厌恶程度较低。然而，Brockhaus(1980)的研究发现，在承担财务风险意愿方面，企业家与非企业家并无特别的不同。如果一个人承担了很大风险，但又不偏好风险，那么又是什么驱使其成为企业家呢？一个可能的原因是企业家没有像他人那样感知到风险，也就是过度自信。Smith(1776)对此也做过解释：大部分人都过于自负自己的能力，这是所有时代哲学家和道德学家所论及的一个古老仇敌。他们荒谬地假定自己有好运气而不自知，只要多加留意就能发现，这种情况要比我们平常看到的要多得多……收获的机会总是被人或多或少地估计过了头，而损失的机会则往往被大多数人估计不足。Barber 和 Odean(2001)的研究表明，虽然男性和女性都容易过度自信，但男性比女性要更加过度自信。这或许可以解释为何男性企业家远多于女性的原因。

Baker 和 Emery(1993)对 137 对婚姻调查表明，这些人当初领取结婚证时，绝大多数都认为自己离婚的可能性为零，然而，后来有一半以离婚终结。性活动频繁而不愿避孕的女大学生则认为,与别的女大学生相比,自己不大可能意外怀孕(Burger 和 Burns,1993)。在赌博时,即使不断输钱,盲目乐观者也会比悲观者更能坚持(Gibson 和 Sanbonmastu,2004)。

具有讽刺意味的是,能力评判也存在过度自信,Kruger 和 Dunning(1999)指出,对自己能力的认识也需要能力,那些在语法、幽默以及逻辑测验中得分最低的学生,反而最有可能高估其在这些方面的才能。

盲目乐观人人难免,究其原因在于以下几个方面。

1. 控制错觉

前面讲过,在掷骰子时,当赌客希望掷出的点数大时,就会用力较大,相反,当希望掷出的点数小时,则用力轻柔。赌客自以为控制用力可掷出需要的点数,其实,两者之间根本就没有联系。控制错觉的原因是"主动选择",主动做出不同选择会让人误以为能够控制选择的结果。购买彩票时,尽管主动选择与机器选号中奖概率一样,但在彩票投注点依然可看到大多彩民依然是自己选号,他们天真地以为,自选的号中奖概率更高。这就是一种典型的控制错觉,误以为自己能控制随机事件的进展和结果。

2. 信息错觉

Darwin(1871)认为,无知比有知识更易引发过度自信。依标准经济学观点,在信息完备的情形下,人可做出最优决策,因此,在拥有更多信息的情况下,人对所做的决策就往往就会过度自信,这种情形在行为经济学中称为"知识幻觉(knowledge illusion)"。知识的岛屿越大,未知的海岸线越长,其实浩如烟海的信息常会成为干扰决策的噪音;让人缺乏甄别能力,即缺乏有关"知识的知识"——哪些知识可以用,哪些知识有局限,哪些知识需质疑。如果不能从众多的信息中精炼出有用的信息,在信息超载的情况下,要么无法做出决策,要么做出错误决策。信息超载还会极大地增加人后悔的机会,影响人的幸福感。心理学家曾经做过一个实验,结果证明,信息越多决策并非正确,但自信却越强。在赛马中给出 88 个变量,让赌客从中选出对计算胜率有用的变量。如马匹过去的比赛成绩、健康指数等等。开始先给赌客 10 个最有用的变量,让其做出预测。然后,再给出 10 个变量,再让他们做出预测。结果表明,变量信息的增加并未提高预测的准确性,然而,却大大增加了赌客的信心。

3. 概率偏差

不能正确地判断概率往往也会导致过度自信。概率偏差具有以下几个特点:一是高估小概率事件发生的可能性。二是低估中等偏高概率事件发生的可能性。三是对具有 90% 以上概率事件则往往认为肯定会发生,这种情形下就很容易出现过度自信。

4. 喜欢寻找解释

人遇到一个事件往往喜欢找原因,实在找不到原因会勉强找一个甚至胡编一个原因,聊以自慰,这也是人的本能。如果人对世界感到茫然,这时即使虚构一个原因也可给人一些心理慰藉,这种本能正是迷信、伪科学大行其道的原因,也是过度自信的原因。

5. 喜欢寻找规律

如同喜欢找原因一样，人还特别喜欢找规律。Tversky 认为，人类的思维倾向于从无序中找出有序，从无规律中找出规律。许多事件完全是随机和运气作用的结果，而人类却有一种表征直觉推理（representative heuristic）的心理，人的大脑喜欢有规律，有秩序，生来就爱归纳，爱总结。人一旦找出了自以为是的规律，就容易盲目自信。

10.3.2　自我服务偏见

人在加工与自己有关的信息时往往会产生一种自我美化的偏见，这种偏见也被称为自我服务偏见。这种偏见常常表现在以下两个方面：社会比较和归因偏见。

1. 社会比较

当人将自己与别人比较时，往往会出现自我服务偏见。相对于客观行为方面，如守时；主观行为方面，如有教养，更容易引发自我服务偏见。在主观的、令人向往的特质方面，大多数人都会认为自己比平均水平要高。学生在"品德"方面比在"智力"方面更容易认为自己优秀（Allision et al,1989；Van Lange,1991）。有 12% 的人认为自己比实际年龄要老，但超过 66% 的人觉得自己比实际年龄要年轻（Public Opinion,1984）。这让人想起了精神分析学派创始人 Freud 讲的笑话："如果咱们俩中有一个先去世，我想我会搬到巴黎去住。"特别值得指出的是，教育也无法消除这种根深蒂固的自我服务偏见。在美国，大多数社会心理学家就认为自己比其他的社会心理学家更道德（Van Lange et al,1997），显然学者也难免消除自我服务偏见。

2. 归因偏见

人对于失败会尽量找原因为自己开脱，对成功则要尽量找借口归功于自己，这就是归因偏见。人经常将自己看得比别人好，这可从对消极事件和积极事件的解释中看出。

众多研究发现，人很乐于接受成功的荣誉，常将成功归结于能力和努力，而将失败归结于外部因素，如"运气不佳"或者"问题本身就无法解决"（Campbell 和 Sedikides,1999）。美国金融量化研究院 Treynor 和 Mzuy 研究了 57 家基金公司的业绩后表明：无论是有经验的投资顾问，还是业余投资者都不可能比市场本身更聪明，更不可能看到市场的前面去。然而，分析师和基金经理却对自己的投资建议确信不疑，即使后来的表现并不符合其预测，也会认为是一些偶然因素（或者所谓的运气）影响了预测的准确性，而非缺乏预测能力。与此类似，CEO 群体过于自信就会忘乎所以，在经济繁荣时期，将盈利归结于自己的能力，而在经济萧条时期，却又将损失归结于环境。他们似乎忘记了一句箴言："乱世出英雄"，只有乱世中方能显出英雄本色，在经济世界同样如此。

在那些既靠能力又凭运气的情境中，这种偏见表现得更加明显，如游戏、考试、应聘。成功者往往认为成功是由于自己的能力，失败则是由于自己的运气不佳。哈佛大学的一位教授将此形象地描述为："在抛掷硬币时，如果正面朝上，就说自己判断准确；如果反面朝上，就说是偶然现象。"政客常常也是如此,他们往往将胜利归功于自己的勤奋工作,为选民服务,声誉和策略,而将失败归咎于不可控的外在因素,如本选区政党组织问题,政治趋势,甚至对手的姓名(Kingdon,1967)。

Ross 和 Sicoly(1979)研究了婚姻中的自我服务偏见。研究对象为加拿大已婚的年轻人,这些人往往认为自己所承担的家务和带孩子比配偶认为的多很多。在一个全国性调查中,91%的妻子认为自己承担了大部分购买食品的工作,然而,只有76%的丈夫表示同意(Burros,1988)。其他学者的研究也表明了这点,妻子对自己承担家务的估计比例,也高于丈夫的(Bird,1999;Fiebert,1990)。婚姻关系破裂后,离婚者往往把破裂的责任归咎于对方(Gray 和 Silvel,1990)。在教学活动中也存在着自我服务偏见。学生看到考试成绩后,成绩好的学生倾向于个人归因,将考试视为对能力的有效检验(Arkin 和 Maruyama,1979),而成绩差的学生则倾向于批评考试本身。与此对应,教师也倾向于将优异成绩归功于自己的教学,将失败归咎于学生(Arkin et al,1980)。

10.3.3　确证偏见

Kahneman 说过:"当人认定一个结论为真时,就更倾向于认同支撑这个结论的论据,哪怕这些论据有时并不具有足够的说服力。"面对一个事件,人往往会先得出一个判断结论,然后尽可能收集能够证明结论的信息,而对否定结论的信息则视而不见、有意回避,这种心理被称为确证偏见(confirmation bias)。这种先下一个自己喜欢的结论,后选择与自己结论相符的证据信息,完全以个人主观意愿为依据的确证偏见,为过度自信的一个原因。生活中各种辩论赛就是确证偏见的典型,结果辩论沦为诡辩。殊不知,真理绝非越辩越明,而是事实胜于雄辩,客观事实来自正确的计量分析,而绝非小样本的事例。

人具有找寻确认性证据的倾向。当要求评价相似性时,人的注意力就会更多地聚集在相似方面,反之,当要求评价差异性时,人的注意力就会更多地聚集在差异方面。换言之,验证相似性假说时,人会极力找寻相似性证据,忽视相异性证据;验证相异性假说时,人的做法会正好相反。

Wason(1960)的研究也证明,人往往喜欢找寻那些支持自己信念的信息。你可以自己测试一下,通过呈现由3个数字组成的、符合某种规律的系列——2、4、6,规律只不过是以升序排列的任意3个数,如同3、5、6或20、25、29一样。结果证明,人往往容易找寻支持自己信念的信息。为了保证人能够发现这一规律,Wason 鼓励每个人生成一系列由3个数组成的数字组,每一次 Wason 都告诉他们数字组是否符合他的规律,当人确信已经发现了这个规律时,就可停止下来并宣布出来。结果会怎样呢?几乎没有人猜对但又个个坚信不疑:29人中,23人发现了一个错误的规律。他们一般会形成关于这个规律的错误信念,如逐次加2,然后,试图找寻支持性的例证,如尝试8、10、12,而不是试图证明自己的直觉不成立。与找寻证据证伪自己的信念相比,人们更容易找寻证据证实自己的信念,这就是确证偏见(confirmation bias)。

2006年,过度自信被列入美国企业主管最致命的弱点。斯坦福大学商学院 Ulrike Malmendier 教授和沃顿商学院 Geoffrey Tate 教授研究发现,过度自信是企业 CEO 患有的一种通病。出于对公司现金流的依赖和信心,在现金流充沛时,CEO 就会过度投资,在现金流不足时，CEO又会轻易放弃投资机会。此外，媒体对企业CEO的报道和吹捧，也扭曲了他们对自己能力的认知，致使他们对自己所做的决策抱有过高、不切实际的乐观心态，甚至不知自己是谁。当CEO拥有了豪宅、豪车、私人飞机、奢侈度假时，面对万众投来的羡慕目光，他的感觉如何？当CEO在万众瞩目下演讲时，面对众人的虔诚恭听，他的感觉又会如何？在媒体的溢美之词和公关部门的靓丽包装之下，CEO仿佛成了没有缺点的人，甚至缺点也被当作优点而大加宣扬。在这种情形下，CEO还能冷静、客观、正确地对待自己吗？还能不自大自恋吗？

企业管理者为何易有确证偏见？原因有二：一是喜欢"向里看"的自恋倾向。Kahneman和Dan Lovallo(2008)研究发现，人在冒险时喜欢"向里看"，只会看到自己的计划多么合理，团队多么优秀，资源多么充分。如此优越条件又怎么会不成功呢？然而，其没有想到的是，竞争对手的计划可能更合理，团队更优秀，资源更充分。而这些只有"向外看"才能知晓。CEO只关注自己的小天地，也就极易高估自己成功的概率。二是自我选择。管理者在面对不同的观点时，往往会选择与自己相同的观点，相反，会忽略甚至排斥与自己相左的观点。这不仅会影响到用什么样的人，还会影响到决策的客观性、有效性。

另外，投射心理也容易导致过度自信。在生活中，人常常容易将自己的心理特征（如个性、偏好、欲望、观念、情绪等）归属到他人身上，以为他人与自己具有相同的特征，这就是所谓投射心理。在投射心理的支配下，人将自己的偏好当作社会的偏好，并且依据自己的偏好制定决策，如此难免不出现过度自信。

10.4　过度自信的防范

过度自信很容易让你不知道你不知道的事，进而误入歧途，损失惨重，那么怎样防范过度自信呢？

1. 保持应有谨慎

独立宣言的主要起草人Jefferson曾言，智者十分了解自己的弱点，因此绝不会保证永不出错，那些知之甚多的人也是最清楚自己知之甚少的人。防范过度自信，重要的是要对自己的独断性陈述保持应有的谨慎，采用元认知(Metacognition)了解、检验、评估和调整自己的认知活动，也就是对认知的认知——我们为什么要像或会像这样认知。即使非常确信自己是正确的，自己也可能犯错。自信和能力之间没有必然联系(Myers, 2005)。事实上，智力与创造性之间只存在低相关，超过一定限度后，智力提高与创造性提高间并无关联(Myers, 2007)。可用两种方法保持必要的谨慎：一是即时反馈(Lichtenstein和Fischhoff, 1980)。生活中天气预报员和设定赌马赔率者每天都会得到清晰的信息反馈。因此，这两个群体专家的预测准确率十分出色(Fischhoff, 1982)。二是设想可能出错的原因。当人思考为什么一个观点是正确的时候，这个观点看起来往往就是正确的了(Koehler, 1991)。为了避免这种错误，就需迫使自己考虑无法证实自己信念的信息(Koriat et al, 1980)。经理可要求所有的提案和建议都必须考虑可能导致失败的原因，以鼓励做出更符合实际的判断。

2. 牢记未来不确定

过去的成功并不代表现在和将来也会成功。单凭过去成功建立起的高自信，有可能将成功变为失败之母。常胜将军的神龛往往会瞬间轰然倒下，造成的损失也远比常人要大。记住一点，在信息不完备的情形下，未来是不确定的，现在不同于过去，未来也不同于现在。面对未来还是要心生敬畏，谨小慎微。

索罗斯作为一个伟大的投机家，以哲学为乐，言必称波普尔，经常强调自己会犯错误，但这丝毫不损害他一世英名。真正的高手不需要通过证明自己的成功提升信心，不知就不知，知道自己无知是最大的真知。1979年，索罗斯创立了"量子基金"，以纪念德国物理学家海森伯。这位物理学家发现了量子物理中的"测不准原理"，索罗斯对国际金融市场的一个基本看法就是"测不准原理"。索罗斯认为，就像微粒子的物理量不可能具有确定数值一样，证券市场同样也是处于一种不确定状态，不可能精确度量和估计，如此也就不可能有所谓的专家。

20世纪80年代末，美国股市持续低迷，投资者对专业分析师、基金经理的能力产生了质疑，《华尔街日报》便组织了一场人兽投资竞赛。参赛一方为会掷飞镖的大猩猩，另一方则是华尔街鼎鼎大名的分析师。大猩猩通过向《华尔街日报》上的股票表掷飞镖确定投资组合。而分析师则是通过分析研究制订投资组合。比赛结果证明，分析师的成绩丝毫不比大猩猩的强。实际上，所谓的"专家"之所以能够生存、致富，靠的是人厌恶不确定的心理，专家从不确定中胡乱找出的所谓规律、秩序，正好满足了人的这种心理需要。

3. 保持有效自信

过度自信容易让人轻率盲动，容易让人疏于防范危险。Perloff(1987)认为，虚幻的乐观会增加人的脆弱性，由于常常相信自己能够幸免于难，因而往往就不会采取明智的预防措施。

然而，过度自信也并非一无是处，其在人的生活中扮演着复杂角色。积极心理学之父Seligman(1991)认为，乐观主义的思维方式——相信失败是由坏运气引起的，而且可以提高努力和能力加以克服——会导致更多的成果，更佳的健康，更好的精神状态。美国经济学家Shiller(2010)也指出，对于2008年的金融危机来说，那些根植于人性深处的缺陷，如自负、自私、贪婪、虚荣，也是推动我们经济生活前进的原动力。的确，生活中的许多重大创新，正是那些凡人眼中"狂人""疯子"的成功所贡献的。

过度自信可给人提供一种精神支持。有时候这种精神力量非常重要，它是人应付艰辛、挫折、失败、打击的兴奋剂，在枯燥、乏味、琐碎的生活中充满信心，会让人生活得更加幸福。在增强自我效能感方面，乐观主义者也确实比悲观主义者要强(Segerstrom,2001)。对于天生乐天派来说，其中大多数都相信自己未来生活的各个方面会更幸福，这种信念也确实有助于营造当前的快乐心态(Robinson和Ryff,1999)。相反，过多的自我怀疑或缺乏自信的人，在需要表现智慧的时刻，很难毫不犹豫地做出坚定不移的决定。

人类学家通过观察人类的长期竞争行为，也得出了一个结论：过度自信可增加一个人的能力。著名人类学家、哈佛大学教授Wrangham(2008)认为，相信自己一定能赢，这种信心不仅可让人看上去稳操胜券，更为重要的是，可发挥一种神奇的作用，激发出从未有的活力和能力。"试想一下,在一场比赛中,何人会表现出不容置疑的胜算?只有那种内心确信自己能赢的人才会如此。"Wrangham 所称的"过度自信"心理,在赌局中称为"虚张声势";在战斗中称为"士气";在投资中叫做"投资者信心"。无论称为什么,有一点是共同的,通过心理作用建立一个积极幻觉,并运用这种幻觉影响认知,促使幻觉成为现实。也就是说,只要改变人们的看法,就一切皆能成为现实。

进化心理学告诉我们,乐观、自信或者自负这些情绪潜藏在人类基因里,这些情绪不能说不重要,其帮助我们祖先在一个充满风险的世界中存活下来。在一个担心害怕随时被野兽吃掉的世界里,如果没有一定的自信,那么,即使没有被野兽吃掉,也会精神崩溃或患上抑郁症。

事实上,过度自信和缺乏自信都非最好的,最好的是保持一个有效自信。有效自信指的是任何时候的自信都"恰如其分",就如 Myers(2005)所言:要想获得成功和出类拔萃,既要有足够的乐观精神支撑希望,也要有足够的悲观心态关注利害。

11 幸福指南

小到个人追求,大到社会发展,首先要解决一个基本的问题,就是朝什么方向进发,也就是要找准目的地,否则目的错了,再快的速度也是枉然,甚至是灾难。那么,个人追求和社会发展的目的是什么呢?显然是个人幸福或国民幸福。追求幸福是生命的一种基本需要,没有任何说法可挑战这种说法的正确性和终极性,其他目标的终点都是通往幸福的起点。英国哲学家 Humes 说过:"人类刻苦勤勉的终点就是获得幸福,因此才有了艺术创作、科学发明、法律制定以及社会变革。"

11.1 经济学指向

将幸福作为个人追求和社会发展的目的,不一定每个人都同意,然而,对于大多数人来说,则是绝对认同的。为什么要将幸福作为个人和社会的终极目的,而不是其他的作为最终目的?如金钱、权力、地位、健康、平等、自由、增长、稳定、和谐等等。对此 Layard(2005)的回答是:"如果个人或社会设定很多的目标,这些目标之间往往就会存在冲突,由此就要平衡各方面,即找寻一个高高在上的最终目标,通过该目标统领其他目标,促进最终目标的实现。"这个最终目标或目的就是幸福,简单地说就是:幸福是主人,万事皆仆人,犹如千条江河归大海,大事小情为幸福。这是人的本性,或如美国宪法所言是不证自明的公理。

在标准经济学中,微观经济学声称研究资源优化配置,宏观经济学号称研究国民经济稳定。然而,无论是研究资源优化配置还是国民经济稳定,二者终究只是手段而非目的,对此绝对不能本末倒置。试问资源优化配置或国民经济稳定的目的是什么?恐怕我们不会为研究这些手段而研究吧。其实经济活动的目的很简单,就是实现人的幸福最大化。离开了这个终极目的,经济学也就成了仅供卖弄智力水平的游戏。

事实上,标准经济学在研究方法上,过度依赖于数学推导的结论,发展出一个"形而上"的精致理论结构,其结果难免自娱自乐,遭到大众嘲笑,学者质疑,典型的是美国长期资本管理公司(LTCM)的故事。公司拥有一个"梦幻组合",掌门人梅里韦瑟被誉为能"点石成金"的华尔街债务套利之父,操盘顾问有 1997 年诺贝尔奖得主默顿,他和斯科尔斯凭"高、大、上"的期权定价公式荣获桂冠,还有前财政部副部长及联储副主席莫里斯;操盘手为前所罗门兄弟债券交易部主管罗森菲尔德。这个精英团队荟萃职业巨星、学术巨人、公关明星,可称之为"黄金搭档"。然而,他们在一个只有赢家没有专家的市场中,运用诺贝尔奖成果指导操作,信心膨胀,自大狂妄,以为数学是获胜的骏马,可驰骋市场,模型是制胜的宝刀,可所向披靡。结果却是天有不测风云,人算不如天算,成事在天,即使身披如此华丽数学外衣的诺贝尔奖理论,也难免让 LTCM 彻底消失在破产的深渊之中。据此,斯科尔斯和默顿的理论也遭到了学者的公开批评,遭到了大众的无情嘲笑。无独有偶,Schelling(1960)也曾言,用纯数学方法预测参与者在多重均衡博弈中会如何行为,无异于在讲笑话前想证明这个笑话十分有趣。

其实,在研究方法上,经济学还是要更多借鉴一些与幸福极为相关的心理学的方法,脚踏实地多做一些深入人心的实验,如此经济研究才有更多的人情味,由此经济理论才有更大的现实性,据此经济政策也才有更高的有效性。1981 年 4 月,法国财长 J·德洛尔谈到西方国家经济政策时,如是说道:"一项经济政策,其中的心理成分和经济成分各占 50%。"

在明确了这两个问题之后,研究方法——多采用心理实验,研究目的——致力于增进幸福感,行为经济学和幸福经济学也就自然地孕育而生了。

行为经济学中很多体现了对幸福的追求,这从前面的介绍可见可感。创始人 Kahneman 就提出,要建立国民快乐账户(National Well-being Account)替代传统的国民生产总值,以此表明经济发展的目的是增进快乐。其还说:"政府的公共政策制定应更多考虑社会福利以及公众的幸福感。"其将幸福定义为:"人对自己生活的正面评价,包括积极的情绪,全心的投入,满意度和意义感。"幸福经济学研究更是以直接增进人的幸福为己任,并获得了不少有益的成果。

然而,作为两个新兴学科,行为经济学和幸福经济学还有很多问题需要研究。直到目前为止,两者还缺乏一个完整的理论体系。然而,这并不妨碍二者的致用性。Camerer 等(2004)就认为:行为经济学并不具有统一的理论,其只是工具和见解的集合,行为经济学更像一个电钻,运用不同的钻头可以完成不同的任务。

无论如何,行为经济学和幸福经济学闪耀的真理光芒,可照亮人奔向幸福的康庄大道。

11.2 幸福指南

如何增进幸福?这是一个一言难尽的问题,尽管本教程不是增进幸福的百科全书,也非医治痛苦的神丹妙药,但根据前面介绍的内容可看出,从社会和个人两方面来说,大致有 5 个方面的幸福之道。

1. 享有社会福利

损失厌恶、享乐适应、社会比较、公平偏好号称影响幸福感的四大心理,依据这些心理可知,社会福利对于国民幸福感的影响非常大,其可为个人提供基本生活保障、公共精神产品、社会平等和公平。

(1)从减少损失厌恶来说,个人享有社会福利,可避免贫困、患病、失业、养老、意外事故和灾害等风险损失对基本生活的影响,让人基本生活无忧,这是社会确保个人幸福的物质前提,也是消除绝对贫困的手段。

(2)从减少享乐适应来说,社会福利可提供公共精神产品让国民享用,减少其享乐适应对幸福感的影响,如公园、博物馆、图书馆、美术馆、艺术馆、文化馆、科技馆、运动场所、园林绿化景观等,这些教科文美场所和场景可给人极大的精神享受,徜徉其间,有助于人的人性、精神、素质升华。

(3)从减少社会比较来说,社会福利有助于实现社会平等,其具有的广泛性、普遍性、平等性特点可减少社会地位差距,从而减少社会比较。

(4)从满足公平偏好来说,社会福利供给源于税收,而高税收可减少过大的收入差距,进而满足人的公平偏好。由于国民知道高税收可给自己带来高福利,因此不会反对高税收,进而也不会降低工作激励。为自己的福利工作本身就是一种激励,因为人们都想努力干活,幸福生活。

由于社会福利对幸福感的巨大影响,因此政府理应提供一个与人均税收或人均国民收入增长协调的社会福利,否则就会出现"东亚无福利的经济增长",如此既不利于增进国民幸福感,国民经济本身也难以稳定(熊毅,2020),经济与社会发展也不协调。

2. 学做认知训练

古罗马皇帝马可·奥勒留说过:"幸福的生活所需不多,它存在于你自身,在于你的思维。"显然,正确认知世间万象很重要。由于人并非完全是理性的,因而决策时常会在认知方面犯一些错误。生活中常犯错也就常痛苦,因为错误认知的结果,如错误结论、观点、行为以及财产损失,让人体验到懊悔、焦虑、恐惧、自卑等负向情绪,此外也会影响他人对自己的评价。因此学习一些行为经济学,可避免常人存在的一些认知偏差,有助于减少犯错产生的痛苦。

在形成认知时,要注意情绪、经验、记忆直觉对判断的影响,以及锚定效应、框架效应、参照依赖、损失厌恶、情感预测偏差等心理的影响,如此有助于减少犯错带来的痛苦,特别是情绪直觉的错误。情绪不仅会误导评判,而且误判的结果又会导致负面的情绪——越想越气,进而陷入一个情绪失控难以自拔的恶性循环,极端情形下甚至会让人精神崩溃。情绪稳定非常重要,在希腊语中,幸福 eudemonia 一词的含义就是精神安宁,负向情绪和情绪波动不仅让人痛苦,而且也损害身心健康。

事实上,多做一些认知方面的训练,让大脑多做思维体操,如此不仅可提高思维和理解能力,而且本身也可体验到一种思考带来的精神快乐,这点犹如猜灯谜、玩智力游戏、学习现代哲学。

知晓了行为经济学后,还可减少他人企图对自己的心理操控,避免上当受骗,这在资讯传媒发达的今天尤为如此。自主的判断可减少误断,自在的生活可增添快活。

3. 少做社会比较

幸福不是来自竞争,而是来自精神层次的提升。国人喜欢比较的传统心理严重妨碍了幸福感的提升,这可从澳大利亚莫纳什大学的黄有光教授提出的"东亚幸福缺口假说"看出。该假说是指东亚国家和地区不仅有高收入而且有高增长率,但却比其他地区的幸福水平低。

"东亚幸福缺口假说"事实上是"幸福收入悖论"在东亚的体现,对此,黄有光提出了5种可能的原因:

（1）由高增长和高消费所引致的拥挤、污染和其他形式的环境破坏。

（2）正如"寻求幸福生活是直接通向不幸的道路"所启示的那样,无论在个人水平上还是在社会水平上,非常高的竞争程度可能有害于幸福。

（3）东亚人的教育方法和普通文化影响,可能有害于真实创造以及个人幸福。现行社会从幼儿园开始,不是培养人的品行和兴趣,而是灌输人与人竞争,典型的就是无良商人的胡言:"不能输在起步线上。"实证分析可证明,成人世界里有多少成功人士是起步线上的赢者。大量的所谓"培优",真正的优未培养出来,却让人背上了沉重的经济和精神负担,填饱了少数人的私囊,这种谬论的结果严重影响到人的幸福。在中国,经济增长的同时,儿童和成年人的焦虑症和抑郁症的患病率不断上升,中国卫生部报告称:"我们国家的儿童和青少年的精神卫生状况的确令人担忧。"事实上,一个人成功的真正"秘笈"在于自律和努力,与智力的相关性都不大,成功人士中有多少是神童?反之神童又有几人获得成功?几十年前某大学的少年班,现在看来有多少成为专家?人的自律极端重要,有其人就会努力——笨鸟先飞,无其人就易犯罪——法国哲学家和数学家 Pascal 指出:"一切罪过都源于一个事实:人没有安静坐着的能力。"

（4）东亚文化过分强调一致、秩序和集体利益而有害于个人主义、自由和幸福。

（5）东亚文化太强调外观,强调不丢面子,而较少重视真实内容和情感。黄有光的有些观点或许具有一些主观性,但他身为华人,对东亚人的了解应该还是较为充分的,特别是社会或个人喜欢比较的面子观,为了面子可以不择手段,可谓是害人害己。

为了面子就需极力追求财富,幸福研究学者 Bowen(2013)说过,在华人世界,成就与金钱常密不可分,因而幸福被误认为与金钱关系也同样密切,中国人往往认为钱越多幸福指数就越高。对此,积极心理学权威 Mihalyi Csikszentmihalyi 发问道:"既然我们如此富有,为何还不幸福?"由于华人世界的特质,让钱与成就的正面感受混为一谈。如此并非说不应追求财富和名望,也并非说物质不重要,而是说满足基本需要后,如果以追求幸福为目的的话,财富和名望不应成为追求的核心。

为了面子还喜欢多储蓄,从进化的角度看,在原始时期,更多的资源决定了人能否渡过下一个寒冬或自然灾害,因此储存成为一种习惯。现今,很多未来已有相当保障的人依然拼命储蓄。人不是为了生活而储蓄,而是为了储蓄而生活。对一些人来说,储蓄不再是为了生存,仅仅是为了购买奢侈品而储蓄。

为了在社会比较中胜出,那就得靠显摆或炫耀。生活方面缺乏品味、格调,忽视修炼、养性,却追求象征地位的奢侈品,其目的就是为高人一等。殊不知,如此心态和言行既让人感到不快,又让人觉得俗不可耐。现如今外国人很是惊叹国人的购买力,出境游玩时,一方面是疯狂地扫货,扫了香港扫日本,扫了亚洲扫欧洲,买奢侈品就像买大白菜般的随意,另一方面他们中不少人吃住又非常节俭,将就地住郊区小旅店,简单地吃便宜方便面,以便省下尽量多的钱到奢侈品店血拼。这与具有深厚文化传统、讲究精致生活的欧洲人相反,他们重视生活的浪漫、乐趣和技巧,喜欢享受旅游、度假、艺术和咖啡馆中的交流。因此,他们旅游时,总希望住一流的宾馆,吃最好的食物,他们认为旅游度假是不能省钱的。显然,这种中外消费差异与喜欢社会比较的攀比和虚荣心有关,也与心理账户有关。国人旅游时,心理账户中游玩的开支很少,购物的开支很多,其中又以奢侈品的开支为多,而外国人则相反。

俗话说,人比人气死人。比较会坏人的胃口,坏人的心态。眼睛往上看,总是人上有人,只要没有站在人群之巅,你就会有焦虑、紧张、压力、挫折感。特别是不要在收入方面比较,衣食住行无忧了,大可只管自家的小日子,休管世上名人明星的自我炒作。其实,所谓的名人很多是自我卖弄、营销出名,与你的幸福生活毫无关系,他有他醉生梦死的空虚生活,如淫乱、吸毒、嗜赌、无聊;你有你穷快活的美好时光,如在青山绿水间的遐想。上帝对你、我、他都是公平的,王建国的《公平的畅想》(《读者》2007年第7期)就是对此很好的诠释。

人间有各式各样的公平,例如机会均等、结果上的均等、贡献上的均等等。然而这每一种均等都有它不可克服的不公平的一面,并且带有一定的负面效果。机会均等,其结果就不会均等。就像买彩票,每人中奖的机会是均等的,但最终结果却只有少数人赢得巨款。市场经济的竞争是机会均等,但结果却只产生少数富人。同时,机会均等的机会性质与游戏规则有关,而游戏规则总是只对适用规则者有利。因此机会均等已包含不公平的一面。结果均等就绝对公平吗?也不!结果上的均等掩盖了成本上的不均等。投入不同成本的人得到相同的结果,这种均等也必然会影响人们的效率。那么起点上的均等又怎样呢?人们在同一个财富起点上起步,由于能力和机遇不同,在结果上就一定不会均等。因此这也不能说是真正的公平。贡献上的均等可看成多贡献多得,等贡献均得。其结果仍是不均等的。人间的公平充满了不公平。那么来自上帝的公平又如何?

你富有吗?你们同一个感受便需要更多的金钱才能获取。上帝让你富有,但不会让你比别人更幸福。

你追求财富递增吗?那么上帝就让你的感受递减。你贫穷吗?上帝就让你的感受递增。福与富不可兼得。这难道不是上帝的绝对公平吗?

你只享受而不劳动吗?那么即使是山珍海味,吃起来也无味发腻,变得与粗茶淡饭并无差别。你劳动而缺乏享受吗?劳作而饥饿时,粗茶淡饭也如同人参燕窝。你贫穷而必须劳作吗?其结果是你因被迫"锻炼",而获得了健康。你富有不劳作而整天锦衣玉食吗?过分的营养积在身体中,便成疾成病损害你的健康。

享受与健康不可兼得;不劳与胃口不可兼得。这难道不是上帝的绝对公平吗?

你贫穷吗?上帝让你知足。你富有吗?上帝让你贪婪。你劳作吗?上帝给你胃口,让你健康。你享受吗?上帝让你乏味,给你肥胖。追求幸福者上帝让你感觉命短,遭受痛苦者上帝让你感觉寿长。

上帝的公平,是真正的公平,绝对的公平。在上帝面前,这才是人人平等!

读了上面的文章,你是否能正确地理解富与福的关系,从难以适应的社会比较痛苦中解脱出来?你是否能意识到上帝赋予每个人的时间资源是公平的。你的财富不及亿万富翁的亿分之一,但你的寿命呢?你的快乐呢?谁更感叹生命短暂?

4. 避免享乐适应

幸福经济学家Layard(2005)认为,幸福的秘诀有两个:一是享受事物的原本样貌,不要同其他更好的事物进行比较;二是找出那些能够让你真正幸福的事物,即永远不会适应的事物。

前者指的是少做社会比较,后者说的就是寻求不会出现享乐适应的事物。

生活幸福说起来也很简单,就是在基本生活无忧的情况下,寻求变化,喜欢变化,享受变化,以此避免享乐适应。适应效应和边际敏感度递减能够让你知道,无论是福是祸,其对生活的影响时间都不会太长。人类对很多事物具有强大的适应能力。因此,不要遇福就欢天喜地,否则可能乐极生悲,也不要遇祸则哭天喊地,否则可能祸不单行。时间能熨平各种情感的影响,况且保持平和的心绪本身也是身体健康的一部分,也是快乐的一部分。快乐的人更健康,有道是:服药并无快乐,但快乐却有药效。

享乐适应和社会比较可给人一个深刻的启迪:追求物质成就带来的满足感,需要自己的物质财富不断增长,然而,财富的增长仅仅只是维持这种满足感,而非增加满足感。

林肯说过,大部分人的幸福都是自己追求来的。那么追求什么可带来持续的幸福呢?奚恺元认为:真正的幸福并非来自物质,而是来自精神。因为精神产品不大容易出现享乐适应。《圣经》有言:"人不能只靠面包活着。"由此表明富足的物质生活并非生活的全部,充实的精神生活也非常重要。Jaspers 说的更加直接、深刻:"人是精神,人之作为人的状况乃是一种精神状况。"的确,人正是以其特有的精神属性才从动物界中脱颖而出,成为万物之灵,其特质就是一种精神性的存在,精神性强弱代表了人性强弱。幸福作为一种主观精神状态,人渴求精神生活,精神愉悦也构成了幸福的源泉。当今"乐活族(LOHAS:Lifestyles of Health and Sustainability)"一说也表明人的满足感已从物质生活转向了精神生活,追求高质量的精神生活带来的快活。

相对于物质产品而言,精神产品产生的社会比较和享乐适应小,相应精神产品增进的幸福感也更高、更长久,自然也应将更多的时间和收入配置在精神产品消费方面。显然,这里就涉及消费偏好问题。那么本属个人"自由"的偏好问题,政府是否有责任引导呢?尽管这是一个规范性很强的问题,但答案却出奇一致。因为人的品位、素养有高低之分,社会习惯、风俗有好坏之别。因此,无论是从社会追求美善还是从个人理性有限来说,个人偏好并非完全自由,需要政府加以引导。Easterlin(2010)就指出,偏好是政策的一个合适议题。偏好曾被主流经济学排除在政策考量之外,原因在于人被假设为是自己利益的最好评判者,但如果人忽视了享乐适应和社会比较对其欲望的影响,那么这一假设将不成立。

此外,不良偏好还具有负外部性。作为个人消费来说,饱享美食不好吗?爱好烟酒不行吗?事实表明,一味追求所谓"舌尖上的美味",不加控制地满足口欲,食品摄取过多的结果就是营养过剩导致肥胖,实际上八成饱对健康有益,可防止肥胖引起的很多疾病。同样"小赌怡情""小饮怡情",但人的有限理性使其难以停留在小赌和小饮上,吸烟也是如此。研究表明,75%的医疗费用被用于压力、吸烟、缺乏运动、不健康食品所致的疾病。而这些疾病很大程度上是可以自己预防的。显然,个人不良的消费偏好不仅损害自身的健康和财产,而且损害他人利益,具有很大的负外部性,如赌博引发犯罪,酗酒和嗜烟浪费社会大量稀缺的医疗资源。相反,个人良好的消费偏好会产生很大的正外部性。日本经济学家驮田井正和文化学者浦川康弘(2013)就此建议道,事实上如果不食过饱,不嗜烟酒,稍微捐一点,结果不仅能缓解富裕社会中的贫困,而且对己对人皆有益处。

在个人偏好存在负外部性的情形下,纯属个人事务的偏好也就不自由了,政府有责任引导个人偏好,塑造偏好应是社会政策的重要目标。曾获诺贝尔奖的瑞典经济学家 Myrdal(2010)就坚定地认为:"不良习惯必须得到纠正。"在北欧,政府就运用条件化福利消除四大恶魔——疾病、无知、肮脏、懒惰,如此也是福利政策的一个目标。在瑞典,政府的行政管理甚至介入到私人领域,在育儿实践、夫妻关系、生活品位乃至整个生活方式等本属私人的领域,政府指导发挥了巨大的作用。Sejersted(2005)将其称为斯堪的纳维亚福利国家的"家长式悖论":个体公民应通过社会政策得到支持和帮助,但也应通过社会政策加以塑造和教化。其实悖论并不悖,既然拥有享受社会福利的权利,那就没有放纵不良生活习惯的自由,因为这种自由具有负外部性,表现在为炫耀和猎奇会做出一些违背公序良俗的行为,如人体宴、人乳宴、黄金宴,甚至灭绝物种的行为,如喜欢象牙、犀牛角制品,吃熊掌、穿山甲等;大庭广众之下焚烧纸币的斗富行为。对于这些体现人性恶的不健康偏好必须加以遏制,因为此类恶行不仅本人不能获得长久的幸福,而且也会让他人不幸福,甚至危害自然生态环境。

有了享用精神产品偏好,还需具备消费技巧或能力,如此才可获得更大的幸福。Scitovsky(1976)指出,新奇性刺激带给人幸福,而享受新奇性刺激是一种需要技巧的消费。如欣赏音乐、绘画等艺术需要掌握一些基本知识,这意味着要获得长期幸福,就需习得一些消费技巧。同样,Aristotle 也曾指出,幸福是通过学习和培养获得,而非依靠运气获得。由此表明创造幸福需要能力——"幸福能力",这种能力包括追求幸福的意识和发现、捕捉、选择、创造与品味幸福的智慧和素养。"幸福能力"并非天生,需要教育习得,教育中所蕴含的知识、理性、智慧都有助于提高人的"幸福能力"。现实生活中常常有人"身在福中不知福",个中原因很复杂,但一个重要原因就是缺乏习得的"幸福能力"。习得幸福的能力与良好习惯的形成有关,心理学研究表明,养成一个新习惯平均需要 66 天,而要养成一个好习惯至少需要 80 天,而且习惯越复杂,就越难养成,如养成锻炼的习惯就比改变饮食习惯花费的时间更多。无论如何,一个良好的习惯或爱好非常重要,其可让人体验到一种极致的、至高无上的幸福——畅态。

Csikszentmihalyi 等(1990)采用经验取样法(Experience Sampling Method,ESM)测量心流频率。在 ESM 中,被试佩戴传呼机,实验者不定时呼唤被试,他们必须将当时的感觉、正在做什么、想什么、投入多少等记录下来并发给实验者。实验收集了 100 万个样本,包括不同年龄、种族、国家的人。结果表明,对有些人来说,畅态是常有的体验,但对另一些人来说,则很少或从来没有体验过。研究还表明,低畅态的青少年大多是在大卖场闲逛,每天看很多电视,而高畅态的青少年都有自己的爱好,他们打球会花很多时间做功课。在幸福测验的每一个子项上,高畅态的青少年得分都较高,除了一项:高畅态者认为低畅态者生活比较有趣,他们也希望每天去逛大卖场和看电视,而不是做功课。然而,他们相信将来可以享受现在辛苦的回报。高畅态者日后上大学的比率高,而且有良好的社会关系,未来的生活也更为成功。

古希腊人认为时间有两个方面:客观的钟表时间和主观的沉浸时间。由于人对时间的流逝都有一个自己独特的感觉,因此主观时间无法量化,也无从比较。做一件自己喜欢的事,感觉度年如日,相反做一件自己不喜欢的事,感觉度日如年。人都有过这样一种经历——一心沉浸于某事,以至于人家叫自己都听不见,如绘画、写作、学习、打球,没有任何人和事能让自己分心,全神贯注的结果使得时间不知不觉就过去了,这就是畅态。

享受畅态不会出现享乐适应,更不会感到厌烦。人最幸福的时刻就是沉浸在畅态时。做自己喜欢做的事,在一个挑战自我且可望可及的目标引领下,往往就会达到一种身心交融的忘我境地,体验到极大的兴奋感和充实感。

5. 合理配置时间

有人说,时间是终极的稀缺资源。此乃至理名言,对任何一个生命体来说都是如此,无论贫富贵贱都是如此,这是仁慈的上帝给予世人最公平的礼物,你贵为天子想炼丹长命也枉然,你富甲天下想烧钱多活也徒劳。时间是稀缺的,有限的时间要做很多事,必然就会感到压力,导致生活中的很多不愉快。如此如果生活简单一点,降低压力指数,生活必然幸福一些。时间上的富裕比金钱上的富裕可给人更多的幸福。时间上的富裕意味着可有更多的时间去做有意义的事情,更多的时间反省,更多的时间享受快乐。相反时间上的贫困,让人感受到经常性的压力、忙碌、过渡工作。

工作赚钱的时间多了,必然享受人生的时间就少了。钱财是工具,享受是目的,工具上花费的时间多,目的上花费的时间就少,这是典型的本末倒置,得不偿失。因此,寻求精神快乐就需要在工作和生活之间求得平衡,用好上帝公平分配的时间。Schor(1992)在《工作过度的美国人》一书中指出,工作导致了一系列问题:压力、身体疾病、婚姻不和谐、对孩子的忽视和缺乏睡眠。在过分强调财富占有的文化中,美国人已经被困在工作与消费的恶性循环之中。

或许新经济基金会的研究成果可为人的时间配置提供参考,影响人幸福感的重要因素有3个:一是遗传因素,约50%的幸福可归结于该因素;二是社会和娱乐活动,约40%的幸福可归结于社交、锻炼、从事有意义的工作、赞美和有滋有味的生活,以及看到事物光明的一面;三是生活境况,约10%的幸福可归结于收入、物质财富、婚姻状况、天气和居住的地方。可见人花费很多时间追求的收入和物质财富,其实二者对幸福感的影响很小。富可敌国的富人赚钱的热情高涨,但总是觉得自己太累,而衣食无忧的穷人反而会活得"很开心"。原因或许在于,成功人士往往追求更高的成功目标,这就意味着放弃那些触手可及的生活快乐,而这些小快乐往往是穷人自得其乐的源泉。

最后,需要特别强调的是两个终极:时间是人生的终极稀缺资源,幸福是人生的终极目标,因此,要幸福快乐每一天。对个人来说,随着经济增长,在未必富有但衣食无忧的情况下,如果将有限的时间用于享乐适应和从事社会影响比较小的活动,关注家庭生活、健康状况和精神享受而不是获取经济收益,或关注非位置和非明显性物品的消费,那么幸福感很快就能上升并保持在高水平,而且还不会对他人幸福产生负的外部性。对社会来说,随着经济增长,如果能够提高与人均税收相适应的社会福利,则非常有助于提升国民幸福感。如此社会才能真正实现国民幸福和社会和谐,犹如北欧乐园——一个目前人类幸福感最高的社会:一个社会福利和社会平等双高的社会。

主要参考文献

布鲁诺·S·弗雷,2013.真实幸福探秘:一场经济学中的革命性突破[M].大连:东北财经大学出版社.

布鲁诺·S·弗雷,阿洛伊斯·斯塔特勒,2014.经济学与心理学:一个有前景的新兴跨学科领域[M].北京:中国人民大学出版社.

黄有光,2000.经济与快乐[M].大连:东北财经大学出版社.

雷米·热内维,拉金德拉·帕乔里,劳伦斯·图比娅娜,2013.减少不平等:可持续发展的挑战[M].北京:社会科学文献出版社.

田井正,浦川康弘,2013.文化时代的经济学[M].北京:经济科学出版社.

托本·M·安德森,2014.北欧模式:迎接全球化与风险共担[M].北京:社会科学文献出版社.

奚恺元,2007.别做正常的傻瓜[M].北京:机械工业出版社.

奚恺元,2008.撬动幸福[M].北京:中信出版社.

ALER R H,1985. Mental accounting and consumer choice[J]. Marking Science,4(3):199-214.

ALER R H,1994. Quasi ratinal economics[M]. Russell Sage Foundation.

BIANCHI L, PORTO P L, 2007. Handbook on the economics of happiness[M]. Northampton M A:Edward Elgar Publishing Inc.

BIANCHI L,PORTO P L,2007.经济学与幸福[M].上海:上海人民出版社.

CLARK A E,2006. Inequality-aversion and income mobility:A direct test[R]. PSE and IZA Working Paper.

EASTERLIN R,2017.幸福感、经济增长和生命周期[M].大连:东北财经大学出版社.

ERIK A,2019.行为经济学教程[M].上海:三联书店.

FRANK R H,1999. Luxury fever:Why money fails to satisfy in an era of excess[M]. New York:Free Press.

FREY B S, OSTERLOH M, 2002. Successful Manggement by Motivation:Balancing Intrisic and Extrinsic Motivation[M]. New York:Springer.

GILOVICH T, 1991. How we know what isn't so:fallibility of human reason in everyday life[M]. New York:Free Press.

JUST D R,2016.行为经济学[M].北京:机械工业出版社.

KAHNEMAN D,SLOVIC P,TVERSKY A,1982. Judgement under Uncertainty: Heuristics and Biases[M]. London:Cambridge University Press.

KAHNEMAN D,TVERSKY A,1979. Prospect Theory:An Analysis of Decision under Risk[J]. Ecomnometrica,47:263-291.

KAHNEMAN D, TVERSKY A, 2000. Choices, Values, and Frames[M]. London:Cambridge University Press.

KUHNLE S,et al,2010. 北欧福利国家[M]. 上海:复旦大学出版社.

LAYARD R, 2005. Happiness: Lessons from a new science[M]. New York:The Penguin Press.

MYERS D G,1992. The pursuit of happiness:Who is Happy and Why[M]. New York:Avon.

MYERS D G,2000. The American Paradox:Spiritual Hunger in an Age of Plenty[M]. New Haven:Yale University Press.

MYERS D G,2006. 社会心理学[M]. 北京:人民邮电出版社.

Paul A D, Melvin W R, 1974. Nations and households in economic growth:essays in honour of moses abramowitz[M]. Pittsburgh:Academic Press.

RATH T,HARTER J,2010. 你的幸福可以测量[M]. 北京:中国青年出版社.

SCITOVSKY,TIBOR,1976. The joyless economy:An inquiry into human satisfaction and consumer Dissatisfaction[J]. Journal of Marketing,41(2):334.

SOLNICK S,Hemenway D,1998. In more always better?:A Survey on positional goods [J]. Journal of Economic Behavior & Organization,37,3(30):373-383.

STIGLITZ,et al,2010. 对我们生活的误测[M]. 北京:新华出版社.

VEENHOVEN R,2007. Measures of gross national happiness[M]. Rome:Presentation to OECD conference.

WILKINSON N,2010. 行为经济学[M]. 北京:中国人民大学出版社.